良《りょう》や愚《ぐ》の如《ごと》く道《みち》転《うた》た寛《ひろ》し

〈国仙《こくせん》和尚《おしょう》から良寛《りょうかん》への印可《いんか》の偈《げ》より〉

もくじ

1 玉《たま》の浦《うら》 …… 1
2 行基菩薩《ぎょうきぼさつ》（開創） …… 7
3 良高和尚《りょうこうおしょう》（開山） …… 37
4 国仙和尚《こくせんおしょう》（良寛の師） …… 59
5 沙門良寛《しゃもんりょうかん》 …… 91
6 円通寺の寒山拾得《かんざんじっとく》 …… 111
7 大愚良寛《たいぐりょうかん》 …… 169
8 その後の良寛さん …… 233
9 転《うた》た寛《ひろ》し …… 277
おわりに …… 285

巻末附録

巻末附録 …… 311
円通寺蔵の良寛遺墨 …… 312
円通寺境内 良寛ゆかりの石碑 …… 330
円通寺境内 ゆかりの写真 …… 337
備中良寛《びっちゅうりょうかん》さんこころの寺巡《てらめぐ》り・五ケ寺《ごかじ》 …… 353
参考文献・資料 …… 355

1

玉《たま》の浦《うら》

「聖《ひじり》」は「日知《ひじ》り」、太陽のことを知る人のことです。天候を予知し、良い天気を維持することができる力を持つ人でもあります。長い間の精進がもたらす境地です。

迷いの世界から悟りの世界へ至るためにする、菩薩の修行のことを「精進」といい、それを「波羅蜜《はらみつ》」ともいいます。

求道者《ぐどうしゃ》がひたむきに努力することなのです。

慈悲深く、人徳が高く、深い信仰心、何かを信じる心を持っている、そんな存在です。

日の光を受けて輝くものがたくさんあります。

漆黒《しっこく》の天空に輝く月。
夜空に瞬《またた》く星。
月に照らされて光る海や川の水面《みなも》。
地上に降りた葉の上の露。

宵《よい》の明星《みょうじょう》と明《あ》けの明星《みょうじょう》。
日に照らされて輝くのを見て「きれいだな」と思う、人の心。

あらゆるものが日の光を受けて輝いているのです。
その不思議に気付き、そのまま、素直に「きれいだな」と思えるかどうかなのです。

太陽が昇り始めるとき、あたりは明るくなります。
空も空気も人も、水面《みなも》も。
瀬戸内海《せとないかい》の水面《みなも》は日の光を受けてきらきらと細《こま》やかに輝きます。
その輝きは『万葉集』の時代から変わっていないはずです。

瀬戸内海に面している備中玉島《びっちゅうたましま》は『万葉集』の時代には、「玉《たま》の浦《うら》」と呼ばれていました。
「玉の浦」が詠み込まれた歌が『万葉集』にあります。

　ぬばたまの　夜《よ》は明《あ》けぬらし　玉《たま》の浦《うら》に　あさりする鶴《たづ》　鳴《な》きわたるなり

という一首。

「ぬばたまの」は夜を導き出す枕詞。「ぬばたま」は、「ひおうぎ」の実のことで、この実が黒いことから、夜とか闇とかを引き出すための言葉になったらしいのです。「夜が明けたようだ、玉の浦に餌を求めている鶴が鳴きながら飛んでいる」という意味です。

そのままの姿を、自然の美しさを素直に感じ取る力であふれています。

古代の人々は生きる力が心に満ち満ちていたのです。

ぬばたまの《ぬばたまの》　夜《よ》は明《あ》けぬらし　玉《たま》の浦《うら》に

（ぬばたまの）　夜が明けたようです。　玉の浦に

あさりする《あさりする》鶴《たづ》　鳴《な》き渡《わた》るなり

餌を求めている鶴が、　鳴きながら飛んでいます。

〈『万葉集』巻十五・三五九八・作者未詳〉

この歌は天平八年（七三六年）に日本から新羅《しらぎ》という国へ遣《つか》わされた「遣新羅使《けんしらぎし》」の中の一人が、難波《なにわ》から西へ進む途中、玉の浦に停泊《ていはく》し、一晩泊まったとき、夜が明けてゆくのを見て詠んだ歌とされています。

「ぬばたまの夜」、漆黒の夜です。
その夜が「明けたようだ」と詠まれています。
太陽が東から昇ってこようとしているのです。
漆黒の夜からおだやかな空の色へ。
空の色が刻々と変わっていきます。
きらきらと輝いていた星々が薄くなっていきます。
太陽の光が空に放ちはじめました。
穏やかな波の玉の浦。
太陽の光を細《こま》やかに受けます。
品のよい水面《みなも》の輝きを背に玉の浦には、鶴が鳴きながら飛んでいるのです。

作者の「遣新羅使《けんしらぎし》」は玉の浦の朝日を拝もうとしたのでしょうか。
そこへ思いもかけず、鶴が飛んで来たのです。
作者はその感動を思わず詠んだのでした。
この和歌の読み人《よびと》は、朝日の光を受ける玉の浦は「きれいだな」と思ったのです。

天平時代。
そんな「玉の浦」に一人の聖《ひじり》が訪れます。
カシャン、カシャンと錫杖の音を立てながら……。

なぜ、その聖は「玉の浦」に訪れたのか。
何に導かれて足を向けたのか。

ある日、その聖は夢を見たそうなのでございます。
なんでも「玉の浦」が出てくる夢だったそうでございまして……。

2
行<ruby>ぎょう</ruby>基<ruby>き</ruby>菩<ruby>ぼ</ruby>薩<ruby>さつ</ruby>

星《ほし》が、瞬《またた》いておりました。

今から一二〇〇年も昔のことでございます。

錫杖《しゃくじょう》と呼ばれる長い杖が、月の光に照らされていました。

聞こえてくるのは、波の音ばかりなのでありました。

ザー

ザー

若き渡し守は、山頂の石のそばで坐ったまま、静かな波の音を聞きながら、昼間のことを思い出しておりました。

ここから見渡せる波打際《なみうちぎわ》の水面《みなも》には月の光が映っております。

昼間には同じ水面に太陽の光がこまやかにきらきらと輝いておりました。そこを若き渡し守の漕ぐ小舟が西へと進んでいたのでございました。

一人のお坊様と一本の錫杖を乗せて。

広がるのは、青い空と海。

ずっとずっと向こうまで、からりと晴れた青い空が続いているのでした。

このお坊様は目をつむったまま、黙っておられます。渡し守は、西の方へと梶《かじ》を取り、進んでいきました。聞こえるのは、静かな波の音と、時折鳴く鳥の声のみでありました。

このお坊様は「静かな波であるな。風が心地よい」と瞑想しながら、初めての瀬戸内は玉の浦の風を頬に受けておりました。

「実に心地よい」

天空にはとんびがくるりと輪を描いて飛んでいます。ピー、ヒョロロー。

しばらくしますと、遠くに島が見えてまいりました。

「ん?」と瞑想していたお坊様は、静かに目を開けました。頬に感じていた風が急に変わったのです。やわらかな風であったのが、突如、涼やかな風に変わりました。舟の行く先にある島を見、ゆっくりと深く息をしました。

「あぁ、間違いない」

とても清らかな風。浄化された風。

「あぁ、やはり間違いない」そう言うお坊様の目は輝きを増したのでした。

渡し守の若者は、その様子を見て、しばし、手を止めました。お坊様は、じっと一つの島を見つめています。しばらくしてお坊様は渡し守に尋ねました。

「あの島は?」

「あれは、柏の島《かしわしま》といいます。なんでも、昔っから、柏の木が生えていたとか言うので柏の島と名前が付けられたそうです。神聖な場所だとか言うので、行ったことはありませんが……」

「あなたは、あの島に行ったことがないのですか?」

「はい。もちろん行ったことなどありません。私などが入るようなところではありませんから」

そう聞くと、お坊様は「ならば」と、「私と一緒にあの島へ行ってもらえませんか？　朝日を拝みたいのです」と言うではありませんか。

「え、お坊様と一緒に、柏の島へですか？　朝日を拝む……ために？」

「はい、何卒《なにとぞ》よろしくお願いしたい」

と、目の前で頭を下げられ、若き渡し守は正直、面倒なことになってしまったと思ったのでした。

普通であれば、そこで舟から下りてもらえば、渡し守の役目は終わります。渡し守は、すぐにそこを去ってしまってもよいのです。が、何故か、このときは、一緒に柏の島に下《お》り、その島で一緒に朝日を拝むことの方が自然だと若き渡し守には感じられてきたのです。

ともかくも、柏の島に着いてしまいました。

柏の島に着き、渡し守は錫杖を両の手で持ち、先に下りました。

続いて舟から下りたお坊様は渡し守から錫杖を受け取ると、島を見渡しました。といっても、その島は山になっていましたので、山を見上げることになりました。

お坊様は耳を澄まし、やがて「こっちじゃな」と言いながら、迷いなく歩き始めました。カシャン、カシャンと清らかな音をさせながら、お坊様はすっすっと歩いて行かれます。少し歩くと、すっと足を止められました。

後ろを振り返り、「やはり、ここに水が流れておった」と、にっこりされたのでした。お坊様は錫杖を近くの木に立てかけ、水の流れに両の手を入れ、水を手の平で受けました。そのまま口に運び、「ん、良き水じゃ！」とおっしゃったのです。

それから持っておられた二本の竹の筒に水を入れ、栓をすると、「飲めるだけ飲んでおこう」とおっしゃいますので、しばしお坊様と渡し守は、一緒にゴクゴクと水を手ですくいながら飲みました。

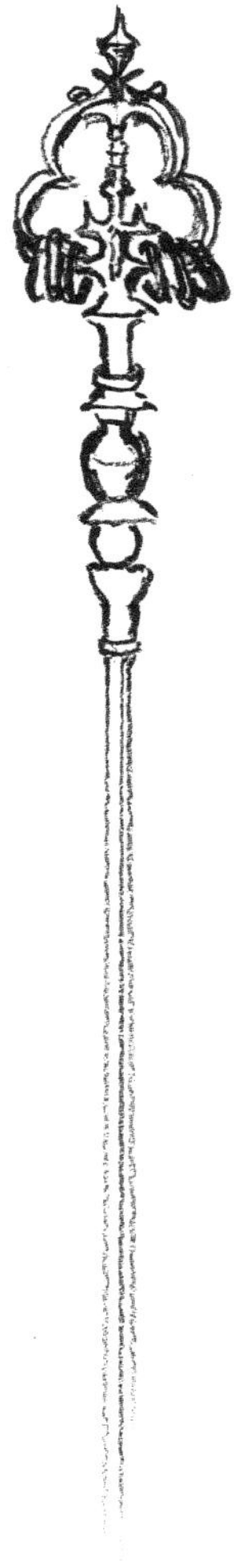
錫杖

「ここからは、ちょっとしんどいかもしれませんが、この山の頂上まで、一緒に登ってもらいたいのです。何卒、よろしく頼みます」

そうして、二人で山を登ることになったのでした。カシャン、カシャンと錫杖の音を響かせながら……。

お坊様は山に登りながら、何かを唱えておられるようでした。渡し守にはその声が聞こえていましたが、それを気にする余裕はありませんでした。

渡し守にとっても柏の島は初めてのことでしたので、全くの不案内でしたが、このお坊様は自分より先に、ズンズンと上へ上へと登って行かれます。こちらも遅れないようにズンズンとついて行かねばなりません。

額から汗も流れ、「はあ、はあ」、と息もあがりそうになった頃、頂上に近いとおぼしき所へやって来ました。平らな感じになったのです。お坊様はなおも、草をかき分けかき分け、進みます。さっきまでの雰囲気とは違い、ものすごい早さで進んで行かれるではありませんか。渡し守は、体力には自信がありましたが、このお坊様にはついていくのがやっとでした。

まるで、何かを探しているかのように。錫杖を高らかに鳴らしながら、ざっざっと草をかき分け、一歩を踏み出し、草をかき分け、一歩を踏み出す、ああ、お坊様を見失ってしまう……、と思ったそのとき、お坊様の足はピタリと止まったのです。カシャン、カシャンという音も静まりました。

「やはり……」と、お坊様は息をのんだのでした。

しばらく茫然と佇《たたず》んでいたお坊様は、ふいに何かに気付いたかのように、突然、後ろを振り返り、ニヤッと笑い「頼みたいことがあります」とおっしゃったのでした。渡し守は、「はあ、はあ……」と息を切らしながら、やっとのことで、「何でしょう？　私にできることが……ありますか？」と聞き返したのでした。

「この辺りの草を一緒に刈ってほしいのじゃよ」とさらにニヤリとします。

「えーっ！この辺りの草を？」

「明日の朝の日の出は、是非ともすがすがしく拝みたいのでな。よろしく頼みます」とまたも、頭を下げるのです。背の高い草がわさわさと音を立てました。お坊様のお顔は草にうずまっています。

「わ、わかりました。草を一緒に刈りましょう」

この言葉に顔を上げ、ぱーっと明るくにこにこして、「日が暮れるまでには刈り終わらねばならぬな」と、もう草にとりかかっています。

急なことなので、草を刈る道具がありません。「それでも、とにかく」というお坊様の気迫におされます。「私があなた様の前を進みますから、そのあと、草を刈って下され」と言われます。とりあえず手でむしったり、木の枝を使ったりしてなんとか草をとっていきました。お坊様は前に進みながら、錫杖で音をたてておられました。ズンズンと進んで行きます。

ふと、腰を伸ばし、辺りを見回しました。視界の向こうに、何かがきらりと光りました。

「はっ」と、驚くほどの大きな石が、忽然《こつぜん》とそこに現れたのでした。

「お坊様、あれは……、あれは、石なのでしょうか?」

「ん?おお、あなたにも見えましたか。さよう、あれは石なのです」

まわりが草に覆われていたときには、わからなかったのですが、山の頂には大きな大きな一つの石があったのです。今度は、この若者が息をのんだのでした。

目をこすりながら、本当にこんな石が、こんな山の頂にあるものなのだろうか、と茫然《ぼうぜん》として佇《たたず》んでしまいました。

「こんな大きな石が……しかも、こんなに平らかな石が、山のてっぺんにあるのです。不思議だとは思いませぬか？」

このお坊様のお言葉に若者はただただ頷《うなず》くばかりです。

お坊様は更に言いました。

「私は、この石を……、探していたのです」

二人で石の周りの草を刈り、整え、一息つく頃に

は、日が暮れかかっていました。夢中だったのですが、気が付かなかったのですが、よく考えたら、お腹がすいていました。まず、お坊様のお腹がグーッと鳴り、それにつられるように、渡し守のお腹もグゥーッと鳴りました。二人は思わず顔を見合わせ、「はっはっはー、お腹《なか》は正直なことで…」と互いに呵々大笑《かかたいしょう》したのでありました。

お坊様は自分の荷物からおむすびと水を取り出し、「夕餉《ゆうげ》としましょう」とそこに腰を下ろしたのでした。

夕日がやわらかく照らしていました。おむすびが二つ、竹の皮に包まれていました。一つをお坊様が手に持ち、もう一つは「今日のお礼です」と言いながら、竹の皮ごと渡し守にわたしました。

竹の筒も二本の内一本を渡し守にわたしました。山のふもとで汲んでいた水が入っています。渡し守はまず、水を飲みました。

「何とおいしい水だろう。あの時の水と同じ水なのですか?」

「さよう。味が違いますかな?」

「はい、同じ水とは思えません」

「それは、喉が渇いているから、おいしく感じられるのでありましょう。渇くのはよいことです。水がおいしく感じられる」

そう言ってお坊様も水を一口お飲みになりました。

「そなたの言うように、この水は格別おいしい。この山は、良い気がやどっておるな……。ともかく、このおむすびをいただこうではありませんか」

二人はおむすびを頬張りました。


おむすびを食べ始めると、なんだかふっと気持ちがゆるみ出しました。

お坊様もやわらかな表情で、玉の浦の水面《みなも》を見ながら話し出しました。

「今日は、急なことで、申し訳ないことでした。くたびれたことでありましょう。最初の予定では一人でこの島に入り、一人で朝日を拝もうと思うておったのでしたが……」

「え？　では、何故、私が一緒に？」

「ん。正直に言えば、私の探す島が、思ったよりも大きな島で、余りにも広いところであったならば、迷うことなく誰かと一緒に入ってもらおうと思うておった。しかし、浦でそなたに会ったとたん、島が大きかろうが、小さかろうが、どちらにしても、そなたと一緒に島に行きたいと思ったのです。そなたがそういう目をしておられたゆえ」

「そういう目……。私はいったい、どういう目をしていたのですか？」

「そなたの目はまことに澄んでおる。偽りのないきれいな心を持っておるからにちがいない。なれば、神聖な島へ入り、ここを整えると観音様もいっそうお喜びになられるであろう、と思ったのです」

お坊様はそうおっしゃると、またおむすびを頬張り、口をもぐもぐと動かしたのでした。

若者は、「かんのんさま」という言葉を聞いて驚きました。

この島と観音様が結びつかなかったのです。

その様子を見て、お坊様はにっこり笑い、話を続けました。

「実は、夢を見たのです。何日前のことでありましたか……。私が錫杖を右手に持ち、ある浦までたどり着くという夢を。その浦とは、玉の浦のことでした。昨日、この玉の浦まで来たとき、夢の通りの浦だと思いました。間違いない。この先に島があるはずだと確信したのです」

「玉の浦を夢で見たのですか?」

「そうなのです。その夢には続きがありましてな。その浦から舟で、とある島に渡り、その島の山頂《さんちょう》に大きな石があって、その石に太陽の光が射す、そういう夢でありました。目が覚めたら、なんとなくこちらの方ではないかと思い、錫杖を右手に、一人、旅に出たのです。何故かわからぬが、すぐに向かわねばならぬと思いましてな。そうしてやって来たのです。足の向く方へ、気の向く方へと。玉の浦までやってきて、その先は海であった」

渡し守は、『夢に見ただけで、足の向く方、気の向く方へと、あてもなくこの島を探しに来られたということなのか? 一体、この方はどういうお方なのだろう』と思いました。

お坊様は、おむすびを食べ終わると、「おっ、日が暮れそうじゃ。たき火の用意をせねばならぬな」と、岩から少し離れたところで、たき火を始めたのです。「朝になるまで、この火をたやしてはならない」

お坊様は、このようなことにも慣れた感じでありました。

その内、夕闇に星が出てきました。

天気も良く、満天の星空でありました。

星空の下で、渡し守は「今ここに居る」というご縁を不思議に思っていました。

「ところで、あなた様はおいくつになられるのですかな?」

「私ですか? 私は二十二歳になります」

「やはり、さようでございましたか。お若いと思うておりました。二十二歳ですか。私は、あなた様のお父様……いや、お祖父様の年齢に近いかもしれませぬな。私は齢を重ねておっても、二十二歳の頃と実は何も変わってはおりませぬ。見た目は変わり申したが、中身は青年の、あの時のまんまですじゃ。あなた様もそうなのでありましょう。齢を重ねても、その澄んだ心は変わらないはずです。あなた様の舟の漕ぐ姿を観て、そう思いました。ところで、私はこの年齢になるまで、舟を漕いだことがないのですが、やはり舟を漕ぐのは難しいことですか?」と、お坊様は渡し守に聞きました。

「舟、でございますか? 漕ぐのは、それは難しいです。一度として同じ漕ぎ方をしたことはありません」

「ほぉ」

「いつも波が違うのです」

「波？　この玉の浦は波が静かなように思えますが」

「見た目はそうですが、実はとても強い潮が流れているのです。表面をみただけでは、全くわからないことです。私は小さい頃から舟に乗っていますから、水の恐さをよく知っております。水の上に舟を浮かべる恐さ。舟で前に進む恐さ。波も人も絶えず変わり続けるのです。一度として同じ漕ぎ方をしたことがないのは、変わり続けるからなのです」

「そなたはすごい。そんなことが言えるのは、中々ではありませんか」

「そんなことはありません。正直に恐いと申したまでです。感覚に頼るしかありませんから。その感覚が難しいのです」

「感覚か……、なるほど」

「その感覚が、だんだんと鈍ってくるのではないかと不安でならないのです」

「そうか。感覚が鈍ってくるかと心配なのじゃな。心配はいらぬ。感覚の元となる六つの根をいつも清らかに保っておれば、大丈夫じゃ」

「六つの根？」

「さよう。六根《ろっこん》という。眼耳鼻舌身意《げんにびぜっしんに》」

「げんにーびーぜっしんに？」

お坊様は一本の木の枝で、土に丸を描き始めました。つづいて、人の体とおぼしき形を書き上げたのです。眼と耳と鼻と舌を書き加え、枝で指し示しながら、「これが、眼《げん》、まなこのことじゃな。これが耳《に》、耳《みみ》じゃな。鼻《び》、鼻《はな》じゃな。舌《ぜつ》、舌《した》じゃな。」それから、体全体をぐるーっと枝で示し、「身《しん》、身体《からだ》じゃな。意《い》、これは心のことじゃ」と、もう一度ぐるーっと枝で輪を描くのでした。

「眼は、物を見たときには、見た通りのもの、ということじゃ。耳は、音を聴いたときにそのまま聴いたままのこと、鼻は香を感じたそのままのこと、舌は味を感じたそのままのこと、身は何かに触れた、その感触そのままということ、意は、心に思ったそのままのこと。そのままを受け入れることができるように、人の身体はなっておる、……本来は、な。本来、六根はこだわったりしないようにできておるのじゃ。想いや考えが事実の通りに、そのまま、在るということでな。たとえば、何かに触れたとき、その感触が皮膚を通して伝わって来る、ああ、これは木だな、と思うわけじゃな。しかし、木から手を離すと、もうその感触はなくなっておる。もう、手を離れているのじゃ。こだわりがない、ということは、そういうことじゃな」

「はぁ、分かったような、分からないような」

「例えば、耳で鳥の声を聴いたとしよう。しかし、耳は何も言わないのじゃよ。そなたの耳は何かをしゃべるかな?」

「え? 耳はしゃべったりはしませんよ」

「そうじゃな。耳はしゃべったりはせぬな。耳は聴くことをしておきながら、その声に対して、何も言わないのじゃ。つまり、耳の働きは聴く、ということのみなのじゃ。ただ、ありのままに聴くということだけなのじゃ。それが、心が曇っていたら、鳥の声もきれいな声で鳴いているのに、そのようには聞こえない。もっと言えば、例えば、鳶が天空で舞い、そこで鳴いていても、ピー、ヒョロロー、とあんなに鳴いていても、聞こえないことがあるのじゃな。それは、雑念が耳の働きを妨げておる、ということにほかならないのじゃ。さすれば、すべての恵みを充分に感謝の気持ちで受け取ることができない、となる。それは損じゃろう? どうせなら、すぐそこにある恵みを全身いっぱいに受け取りたいではないか。それができるようになるためには、六根《ろっこん》を清浄《せいじょう》にし続けることが大切なのではないかと、思う」

「六根を清浄に……」

「そう、六根清浄《ろっこんしょうじょう》。どっこいしょ、の語源じゃよ」と言い、呵々《かか》と高らかに笑うのでした。

「実はな、この山に登るとき、六根清浄《ろっこんしょうじょう》、六根清浄《ろっこんしょうじょう》……と唱えておった。そう唱えるだけで六つの根は清らかさを保ち続けることができるといわれておる。わしは、「六根清浄、六根清浄」と唱えて、六根を清浄に保ちながら登ったというわけじゃ。……そなたにも教えて差し上げればよかったのぉ」

渡し守は『あぁ、登っている間中《あいだじゅう》、このお坊様は、ろっこんしょうじょう、と唱えておられたのか』と、初めて知りました。お坊様は、さらに続けました。「神聖な山に登るときには、六根清浄、六根清浄と唱えるのじゃ。六根清浄と唱えるのは自分の身体に対して、元気出せ！元気出せ！と言っているのじゃよ。今、元気に、ほら、元気に！　とな」

「眼《め》や耳《みみ》や鼻《はな》や舌《した》や身《からだ》や意《こころ》に、清らかになれ！　と唱えていたのですか。気付かなかったです」

「いつもそうやって六根を清らかに保つと、感覚も清らかに保たれるであろう」

「ろっこんしょうじょう、と唱えるだけでよいのですね」

「そうじゃ。唱えるだけでよいのじゃ」


上を見上げるといつのまにか、夜空になっていました。

お坊様はご自分のご先祖様の話を始めました。

「わしのご先祖様は、王仁《わに》という方だそうじゃ」

「わに？」

「さよう。有名な歌があってな。

難波津《なにわづ》に　咲《さ》くやこの花《はな》　冬《ふゆ》ごもり　今《いま》を春《はる》べと　咲《さ》くやこの花《はな》
という一首じゃ。仁徳天皇《にんとくてんのう》がまだ帝《みかど》の位《くらい》に就《つ》いておられなかった頃、『今が帝の位にお就きになるときではございませんか』という心を込めて詠まれたんじゃ。『難波の津に花が

難波津に　咲くやこの花　冬ごもり
今を春べと　咲くやこの花
（「この花」は「梅の花」）

咲きました、冬から春になったので、花が咲いたのですよ』という意味でな、その季節がやってきたから、自然にその花が咲く、ということじゃ。蕾《つぼみ》で長い冬を耐え、春というその時が来たら、自《おの》ずと花が咲く。今がそのときですよ、という意味じゃ。この歌を聴き、仁徳天皇となられたという」

「お坊様のご先祖様はすごいお方なのですね」

「なんでも昔、百済《くだら》から日本へやって来て、『論語《ろんご》』と『千字文《せんじもん》』という書物を伝えたらしい。日本に初めて漢字というものを伝えた人だといわれておる。そなたは漢字を見たことはあるかな？」

「かんじ、ですか？」

「見たことがないかもしれんな。ならば、漢字をお見せしよう。漢字の書いてあるものを一つだけここに持っておる」そう言ってお坊様は懐から一本の巻物を出されました。

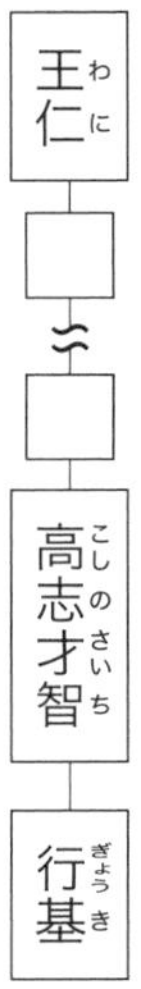

行基の系図

「ここに書かれているのが、般若心経《はんにゃしんぎょう》というもので、漢字が二百六十二文字もある……」

と、その巻物を開いて、見せて下さったのです。

渡し守は、生まれて初めて漢字というものを見たのでした。

この巻物を渡し守に見せながら、お坊様はこの般若心経というものを、唱えて下さいました。何度も唱えて下さいました。

「最後は真言と言うて、とても大切な言葉じゃ」

　掲諦《ぎゃーてー》　掲諦《ぎゃーてー》　波羅掲諦《はーらーぎゃーてー》　波羅僧掲諦《はらそうぎゃーてー》　菩提薩婆訶《ぼーじーそわかー》

そのお声を聴いていると、渡し守は不思議と落ち着き、時間の経つのを忘れるようでした。そして、なんだか楽しくもなってきたのです。

夜も深まり、だいぶ、ときが経っていたようでした。

一段と涼やかな風を感じはじめました。

そこはまだ、闇夜でありました。

しかし、もうじき、夜が明けるのを感じておりました。

夜空には多くの星《ほし》が、瞬《またた》いております。

昼間渡ってきた水面《みなも》に月の光が静かに映っています。

聞こえてくるのは、波の音ばかりなのでありました。

ザー
　ザー
少し遠くに聞こえるのでした。

木にたてかけてある錫杖も月の光を受けています。

隣《となり》ではお坊様《ぼうさま》が閑《しず》かに座《すわ》り続けておられます。

この若者は夜空に一つ、とても強い光を放つ星に気が付きました。

隣《となり》ではお坊様《ぼうさま》もその星に気が付かれたようでした。

「おぉ、明《あ》けの明星《みょうじょう》じゃな……。なんときれいな」

「あけのみょうじょう?」

「そう、明けの明星と言うてな、金星《きんせい》のことじゃ。ひときわ輝《かがや》く」

「どうして、星は輝くのでしょうか?」

「そうじゃな。不思議なことよのぉ。わしにもなぜ星が輝くのかはわからぬ。ただ、もともと、星というのは火《ひ》の石《いし》という意味でな」

「火の石？」

「さよう。火石《ひいし》」お坊様は、木の枝で地面に字を書きました。

「これが火、という字じゃな。今目の前にあるたき火の火のことじゃ。この字が石という字で、ほら、この石を表わす漢字じゃな」そう言いながら、小さな石を拾いました。

「火の石。火石《ひいし》。この火という字は、ほ、とも読むから火石《ほいし》とも読める。つまり、ひいし、ほいし、ほし、と言うようになったようじゃ」

「ひいしから、ほいしになって、ほしに訛《なま》ったのですね」

「そうじゃな。それで、ほしというようになったらしいが、まことに和《わ》の言葉はよいひびきじゃと思う。唐《とう》には、『ほし』という呼び方はないからな」

「とう？」

「ん。漢字のできた国じゃ。唐《とう》というのは、大きな国じゃそうな。……唐といえば、わしの師匠は、道昭禅師《どうしょうぜんじ》というて、唐に渡られたことがある。そこで、玄奘三蔵法師《げんじょうさんぞうほうし》様の元で修行をなさった。かつて三蔵法師様は西へ、天竺へ長い旅をされたことがあったのじゃが、西へ向かっての旅の途中、その道中でお腹がすいて困っているとき、突然、一人の僧が現れた、という話を道昭禅師になさったという。目の前に突然現れたその僧は、手に持っていた梨の実を三蔵法師様にお恵み下さったそうじゃ。三蔵法師様がその梨の実を食べると、みるみる元気が出てきて心が穏やかになっていったという。『あの時の梨を与えてくれた僧に、そなたはそっくりなのだ』と三蔵法師様は道昭禅師におっしゃったそうな。それで、なんと道昭禅師は、あの三蔵法師様と同じ部屋で修行をさせていただいたということでな……すごいことじゃ。やっぱり、食べ物の力は偉大じゃな。その三蔵法師様は『大般若経』六〇〇巻も、『般若心経』も漢字に訳したお方なのじゃよ」と言い、微笑まれたので

梨の実
三蔵法師は梨の実を
食べて元気になった

玄奘三蔵法師（法相宗始祖）
｜
道昭禅師（大僧正　法相宗　薬師寺）
｜
行基（法相宗　薬師寺）

行基の法系図

ございました。
お坊様は般若心経を唱え始めました。

いよいよ夜が明けそうになって参りました。
明けの明星の光がだんだんやわらいできました。
『もうすぐじゃな』という顔をしてこちらを見、また天空へ視線を戻されます。
「それにしてもきれいな星空じゃな」とお坊様は星に見入っておられます。
星の光と、玉の浦の水面《みなも》の光が相照らすように輝いて美しく見えます。
「ここは星の輝く浦であるな」とそのお坊様は思いました。
無数の星が瞬《またた》いているのでありました。
東の空には、明けの明星が真っ直ぐ光っておりました。
お坊様はゆるやかに空を見上げているのでありました。
無数の星たちが見えなくなり、明けの明星のみが残っていました。

明《あ》け方《がた》の空《そら》。ある瞬間、その明星が姿をすっと消しました。

お坊様は「善《よ》き哉《かな》……」と呟《つぶや》いたのでした。そのまま、東の方へ向い、太陽が昇るのを待っていました。

だんだんと東の空が明るくなりはじめたとき、何と、空が曇ってきたのでした。

「あぁ、こんなに雲に覆われていては、太陽の光は、見ることができないかもしれない……」

と、渡し守が心配そうに言うと、

「それは、それで良い」

と、お坊様は穏やかに微笑み、東の空を見つめています。

もうすぐ、日が昇る。

雲が晴れない。

もう、太陽の光は望めないかもしれない。

そう思ったとき、雲のすき間から、光が細い線となって扇のように放たれはじめたではありませんか。

「おぉ、まるで、笙《しょう》の音《ね》が聞こえるようじゃ。」

「しょうのね？」

「さよう。笙という名の楽器でな。笙は、天から差し込む光を表わし、奏でると言われておる。あの空の雲間から射す光、まさに、笙の音が聞こえてくるような素晴らしい日の出じゃな」

するると、その言葉を待っていたかのように、東の空一面に覆っていた雲の中心が、ぽっかりと晴れてきたのです。


まるで、大きな窓のような……。

「あっ」と思ったそのとき、雲の丸い空洞から、太陽が昇ってきたではありませんか。

山の頂上から、日の出を拝むことができたのです。

お坊様は静かに感動しておられたようでした。手を合わせておいででした。

ふっと振り返り、昨日、整えた大きな石を御覧になりました。

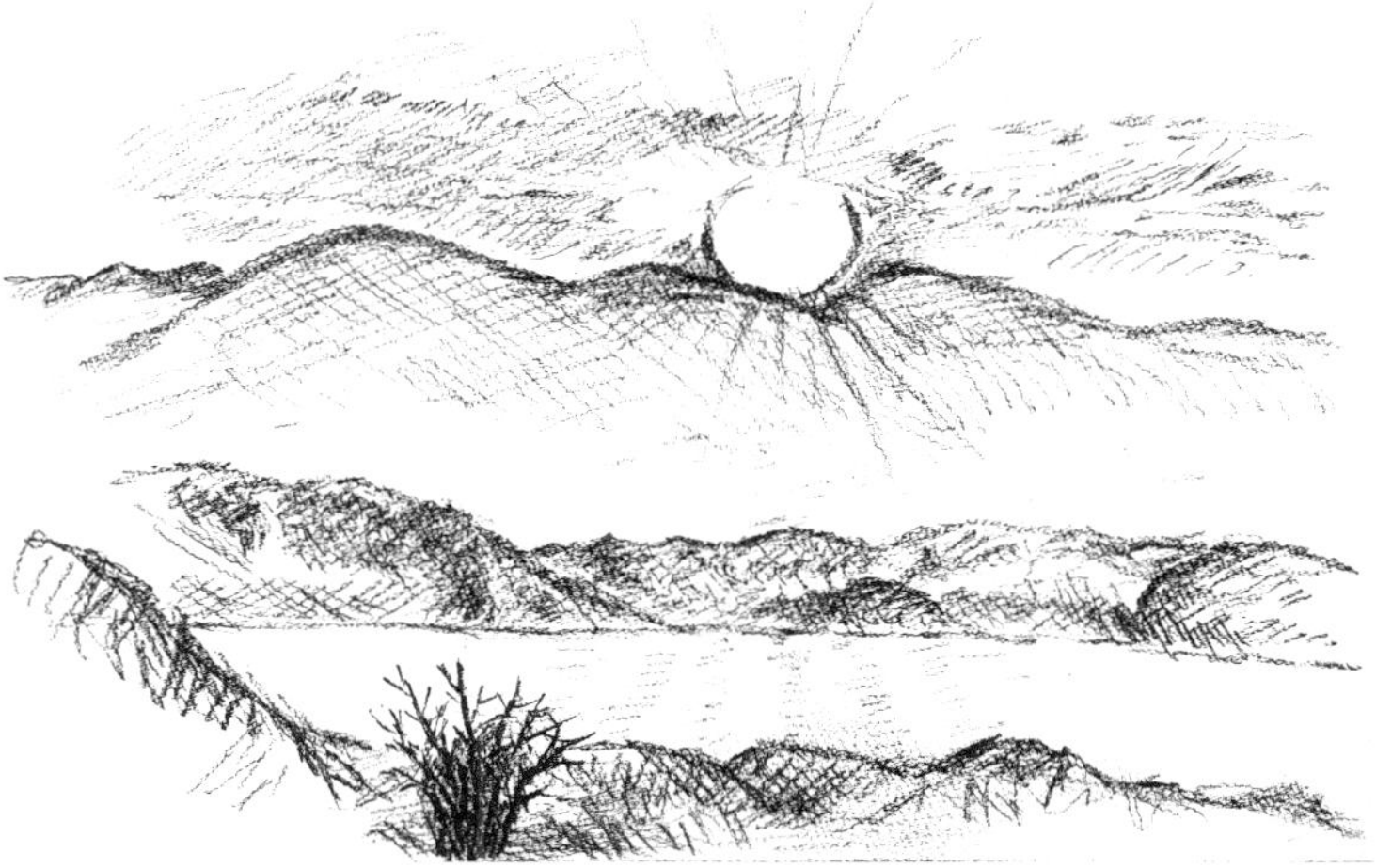

その石には太陽の光が射し、きらきらと輝いていたのです。

「なんときれいな」とお坊様は声を上げました。

と同時に渡し守も「なんときれいな」と声を上げていたのでございます。渡し守はこの輝きを観《み》て、『生きていて良かった』と心から思ったのです。

お坊様は、きらきらした石を見つめながら、

「これで、この石に、観音様が降臨されても大丈夫じゃ」とおっしゃいます。

「かんのんさまがこうりん?」

「ここは、観音様が降臨されるための台座なのじゃよ。つまり、白蓮華《びゃくれんげ》ということじゃ。だか

ら、ここは白蓮華の山なのじゃ。まさに神聖な力のこもる、善き山である」そう言い、なおも手を合わせるのでありました。

渡し守はしばらく東の空を見ていましたが、ふいに我に返りました。

「ところで、あなた様は?」お坊様はまっすぐ若者を見つめ、

「行基《ぎょうき》と申す」と答えました。

朝の空気を深く吸い、「ここは素晴らしい霊地である」とおっしゃったのでございます。

のちに、この石は「白華石《はっかせき》」と呼ばれるようになります。頂《いただき》に「白華石」のあるこの山を、いつしか「白華山《はっかさん》」と呼ぶようになったのでした。

行基菩薩様は、この白華山のために観音様をお作りになられました。

その像はやがて「聖星浦観世音菩薩《しょうほしうらかんぜおんぼさつ》」として祀《まつ》られ、大切にされることになります。

天平時代《てんぴょうじだい》のことでした。

3

良高和尚《りょうこうおしょう》（円通寺開山《かいざん》）

浦《うら》とは「入り江」のことです。

外に対して裏《り》ということで、内海《うちうみ》とも言われます。

「浦」とは、海が湾曲して陸地に入り込んだところなのです。

玉島はかつて「玉の浦」と呼ばれていましたが、まさにそういうところです。

浜辺がぐるーっと弓形《ゆみなり》になっています。その姿は美しく、独特のやわらかさを持っています。

波がおだやかで静かなのです。

玉島には柏島《かしわじま》（柏の島）に白華山という名の山があり、そこに円通寺という禅寺があります。

その由緒は、行基菩薩にさかのぼるといわれています。この白華山には、世に「星浦観音」と称する行基菩薩作と伝えられる聖観世音菩薩像が祀られ、霊験あらたかな観音霊場として、天平の昔から、民俗信仰の灯が点ぜられていたのです。霊験あらたかで、玉島の人々をお守り下さっていました。

しかし、その連綿として燃え続けていた法灯も、江戸時代になり、徳川の中期にいたると、観音堂が荒廃し、「星浦観世音菩薩像」が雨露《うろ》にさらされる惨状を呈するまでになったのでした。見かねた人々により、観音像は柏島《かしわじま》の海徳寺《かいとくじ》へ預けられていました。

慶長の頃、折しも、近隣で洪水や大雨の為に山崩れがおこったり、疫病が多発するという不安な時期でございました。

それを誰言うとなく、「星浦観音のたたり」だとする風聞《ふうぶん》が広がりはじめていたのです。その日も大雨の為に、道が水浸しになってしまいました。雨が上がると、町の人々で片付けねばなりません。いつ元通りになるかしれない、そんな途方に暮れた気持ちで少しずつ作業にあたっていたときのこと、五〜六人で誰ともなく話し出しました。

「これは、まさに星浦観音様のたたりではないか」

「そうじゃな、長いこと雨《あま》ざらしになっておったというではないか」

「今は海徳寺さんに預けられておるそうじゃが」

「やはり、元の場所にお戻しするべきではないかと思うが……」

「そうじゃな、このままでは星浦観音様のたたりが続くばかりじゃ」

「いや、星浦観世音菩薩様は『たたる』とか、そんなことはしないはずじゃ」

「しかし、こうも洪水や大雨が続いては……」

「そうじゃ、そうじゃ。観音様のたたりじゃよ」

「いや、そんなことはなさらないはずじゃ。たたりではないはずじゃ」

「うむ。確かにたたりではないのかも知れない。もしかすると、何かをわしらにお知らせ下さっているのじゃないか？」

「何かって？」

「星浦観音様をあるべきところで、あるべき様《よう》に、お護りせよ、ということじゃなかろうか……」

「あるべきところで、あるべき様に……そうじゃな。そうかもしれんな」

「でも、一体どうすればよいのじゃろうか」

「そうじゃ、庄屋様に相談してみよう」

「そうじゃな、源右衛門《げんえもん》さんに相談しよう」

そうして、庄屋の西山源右衛門《にしやまげんえもん》のところへ話をしに行くことになりました。

町衆《まちしゅう》の話を聴いていた源右衛門《げんえもん》は、おもむろに口を開きました。

「よく、気持ちをお話し下さいました。実は、私も常々同じことを考えておりました。ただ、どうしたらよいかと迷っておりまして。本当にそれが叶うのか不安もあります。が、やはり、もう実行に移すときは来ております。海徳寺さまに先ずはご相談申し上げるつもりでございました。どうでしょう、このまま我々一緒にご相談に上がるというのは」

そう言われ、皆は一同、頷いたのでありました。

海徳寺の活道和尚にこの旨を伝え、堂宇再建《どううさいけん》へと動き出したのです。

その頃、たまたまある一人の高僧が玉島におられました。

加賀 金沢の名刹である大乗寺の住職を退いたばかりで、その名は徳翁良高《とくおうりょうこう》とおっしゃいました。そのお和尚様が、玉島の明崎村（今の玉島阿賀崎《あがさき》の久々井《くぐい》）の韜光庵《とうこうあん》におられたのでした。

韜光庵《とうこうあん》を訪ね、星浦観世音菩薩像のいわれ、これまでの玉島のこと、今の町衆の気持ちを良高和尚様に聴いていただきました。

「和尚様を開山としてお迎えしたい、という訳でございまして」

と申し上げると、じっと黙して聴いていた良高和尚様は静かに、「私でよろしいのでしょうかな?」とおっしゃり、開創へと大きく大きく進み始めたのでございました。

元禄十一年（一六九八年）二月、海徳寺 活道和尚の案内で、庄屋の西山源右衛門《にしやまげんえもん》や町衆とともに開創の予定の場所へ登ることになりました。

白華山に立ち、眼下に広がる景色を見たとき、良高和尚は、

「なんと……」と息を呑んだのでありました。

「冽泉巌下《れっせんがんか》に湧《わ》き、奇石松間《きせきしょうかん》に雑《まじ》はり、汐音澎湃《せきおんほうはい》とし、天籟鏘鏗《てんらいそうこう》たり、遠近《えんきん》の山獄《さんごく》、往来《おうらい》の檣帆《しょうはん》、城市田園《じょうしでんえん》、碁《ご》の如《ごと》く布《し》き、星列《せいれつ》、其《そ》の勝《しょう》、悉《ことごと》く記《しる》す可《べ》らず」と感嘆したと言います。

「澄み切った泉が厳の下に湧いていて、珍しき石が松の間に見えており、おだやかな汐《しお》の音に勢いがあって、しかも風の音が鳴り響き、遠近の山々や往来する船の帆ばしら、町や田畑の風景、それはあたかも碁のように整然と広がり、まるで星が連なるようなそのすぐれた景色は、ことごとく記すことができないほどである」と、筆舌に尽しがたいほどの、まさに天下の景勝地であると良高和尚はおっしゃったのです。

「師大《しおお》いに悦《よろこ》び、補陀洛《ほだらく》を以《もっ》て山《やま》に名《な》づけ、円通《えんつう》を以《もっ》て庵《あん》に命《めい》ず」

良高和尚はその景色に大いに悦び、補陀洛山《ほだらくさん》と名付け、円通庵《えんつうあん》と命名しました。ここに「補陀洛山　円通庵」が誕生したのでありました。

「補陀洛」とは、インドの南端の海岸にあるという伝説の山（ポータラカ）で、八角形をしており、観世音菩薩様が降り立ち、お住みになるところとされています。

玄奘三蔵法師の『大唐西域記《だいとうせいいきき》』には補陀洛山が出て来ます。山の頂には池があり、その池の水は鏡のごとく澄んでいるとあります。また、古来、帆に風を受けてこの霊験あらたかな聖地、補陀洛へたどり着く、ともされています。補陀洛は海岸べりにあるのです。良高和尚は白華山で心地良い風を受けながら、入り江に船が行き来するのを見渡し、星浦観世音菩薩様がおわすべきところとして、補陀洛山と名付けて下さったのです。

「円通」とは、「周円融通《しゅうえんゆうづう》」の略された言葉です。智慧《ちえ》（般若《はんにゃ》）によって悟られた真理は、周《まわ》りに円《まる》く遍《あまね》く行《ゆ》き渡《わた》り、その作用が融通自在《ゆうづうじざい》であることを意味します。

円通《えんつう》とは円通大士《えんつうだいじ》の略でもあります。

「首楞厳経《しゅりょうごんきょう》」にも観世音菩薩が説かれていますが、円満融通《えんまんゆうずう》の菩薩の意で、円通大士《えんつうだいじ》とは観世音菩薩の異称なのです。

観音様は修行によって、聞く力や、人の悲しみや痛みと同じ心になることができました。だからこそ、苦しむ人を救う力が得られたのです。世の苦しむ人の声を観じて聞き届けるところから観世音菩薩と名付けられたのです。

観世音菩薩とは、観自在菩薩のことでもあります。鳩摩羅什《くまらじゅう》の漢訳した『法華経』では観世音菩薩、玄奘三蔵法師が漢訳した般若心経では観自在菩薩と呼ばれています。同一の菩薩様です。観音様は円通大士とも呼ばれていることから、星浦観世音菩薩様をご本尊とするゆえ、円通庵と名付けたのでした。良高和尚によって命名された「補陀洛山 円通庵」という名には、観世音菩薩の持つ功徳の力によって玉島を、玉島の人々を守っていただきたい、その一念が込められているのです。

ここを円通庵と認めてもらうために柏島《かしわじま》 海徳寺《かいとくじ》の一桂活道《いちけいかつどう》和尚や、西江原《にしえはら》 永祥寺《えいしょうじ》の竿《かん》頭円刹《とうえんさつ》和尚、鴨方《かもがた》 長川寺《ちょうせんじ》の独秀鶩雄《どくしゅうさくゆう》和尚らの協力を得て、庄屋《しょうや》の西山源右衛門《にしやまげんえもん》をはじめとする村民百十七名は連判状を手に寺社奉行に誓願しました。

その願いは叶えられ、堂宇を再建すると共に、良高和尚を開山として迎え、補陀洛山《ほだらくさん》円通庵《えんつうあん》が開創されたのです。

元禄十一年（一六九八年）夏、良高和尚、五十歳のことでございました。

良高和尚が円通庵の庵主になられたことで、玉島の町はふたたび穏やかになっていったといいます。

まことに有り難いことでございました。

この良高和尚とはどのような人物なのでしょうか。実はあの隠元禅師とも逢うという数奇な運命をたどってこられた方です。

良高和尚は慶安二年（一六四九年）に江戸の浅草で生まれました。父は徳川家康の十一男、水戸の初代藩主、徳川頼房《とくがわよりふさ》（光圀《みつくに》の父）に仕えました。知行《ちぎょう》は三千石《さんぜんごく》でした。

徳川光圀の妹を妻にし、長男にも恵まれましたが、その妻は早世してしまいました。後妻との間に三人の男子に恵まれました。その長男がのちの良高和尚です。

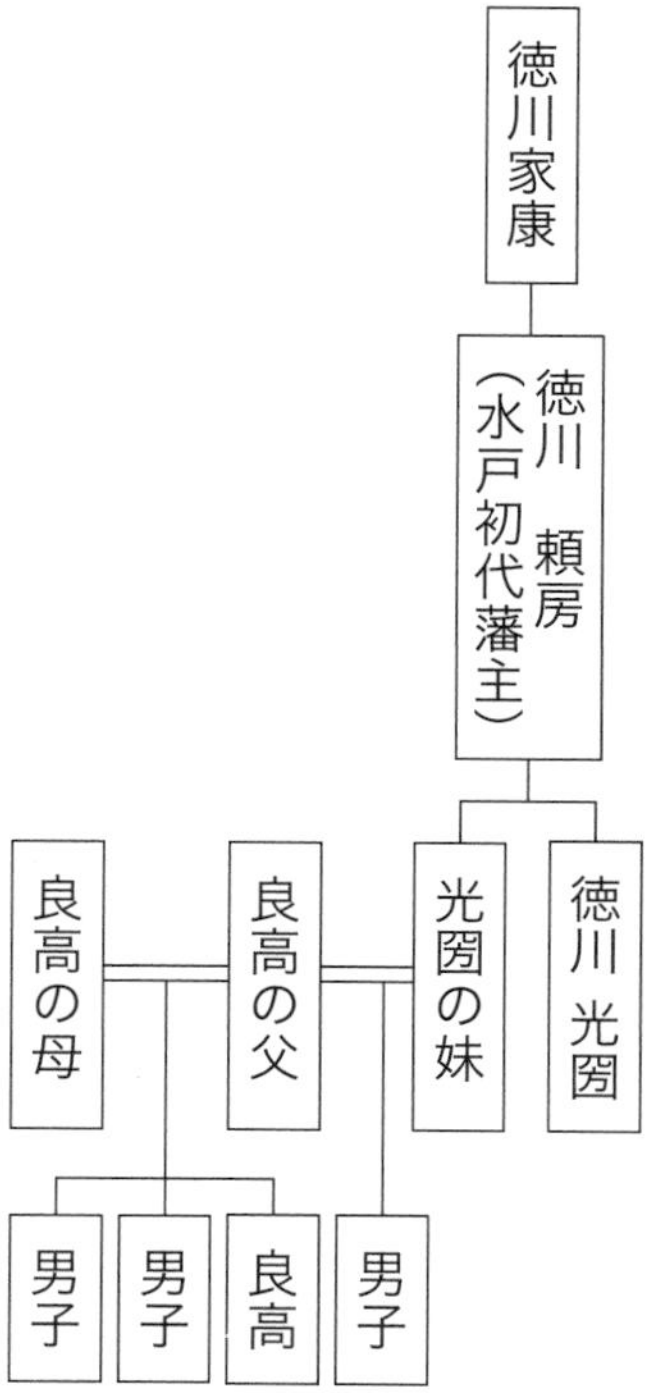

徳翁 良高和尚の家系図

しかし、良高和尚が十一歳のときに、父は亡くなります。

良高和尚は十三歳のときに、仏門に入りました。十五歳で得度、二十一歳の頃から諸方を遊学し始めます。名僧《めいそう》や知識《ちしき》（仏法を説いて導く指導者のこと）を訪《と》うてさらに修行を続けました。

まずは黄檗宗《おうばくしゅう》に参禅し、その後に曹洞宗《そうとうしゅう》に変わられた、という経歴を持つ方です。

良高和尚の若い頃は、日本の曹洞宗や臨済宗という禅宗は停滞しておりました。曹洞宗は開祖 道元禅師より数百年のときを経て、その教えとは少なからず離れている状況であったといいます。

そんな中、来日したのが黄檗宗の隠元隆琦《いんげんりゅうき》という明国《みんこく》（中国の当時の名）の名僧でした。隠元禅師は中国　福建省《ふっけんしょう》の生まれです。二十一歳のときに旅に出て、観音霊場の舟山列島《しゅうざんれっとう》の普陀山《ふださん》に至り、そこで出家を志します。二十三歳で仏道修行を始め、福建省《ふっけんしょう》　黄檗山《おうばくさん》　万福寺《まんぷくじ》に於いて二十九歳で出家しました。それからまた旅をし、諸寺を訪れ『法華経《ほけきょう》』や『首楞厳経《しゅりょうごんきょう》』などの講説を聴聞したといいます。

隠元禅師が福建省《ふっけんしょう》　黄檗山《おうばくさん》　万福寺《まんぷくじ》の住職であった六十三歳のとき（一六五四年）、日本の長崎へ三年の約束でやって来ました。その後、日本での永住を決意し、宇治で寛文《かんぶん》元年（一六六一年）に（日本の）黄檗山《おうばくさん》　萬福寺《まんぷくじ》を創建します。荘厳な建物です。山門の両側には窟門《くつもん》があり、左側の門は「白雲関《はくうんかん》」と名付けられています。

来日した隠元禅師は、三百年来沈滞していた日本の禅の世界に風を起こしていきます。

隠元禅師の家風《かふう》の特徴は、「南無《なむ》　阿弥陀仏《あみだぶつ》」を唱えることでした。また、木魚《もくぎょ》を使い、一打一文字ずつ読むのです。木魚は隠元禅師が日本へもたらしたものでした。

ほかにも、隠元《いんげん》禅師が日本に持ち込んだ豆は隠元豆《いんげんまめ》といわれたり、日本の煎茶道の開祖となったりと、日本の人々に親しまれた人物でした。

隠元禅師の説法は日本の人々に親しみをもって迎えられたのです。

結果、黄檗宗の開祖として日本にとどまった隠元禅師に良高和尚は逢うことができたといいます。


そもそも禅宗は達磨大師《だるまだいし》がもととなっています。お釈迦様の教えを達磨大師が禅の心で受け継ぎ、禅を組むことで救われるという禅宗の初祖となりました。

黄檗宗は、禅宗の一宗派です。

黄檗禅は中国 東晋時代《とうしんじだい》の慧遠《えおん》（虎渓三笑で有名）を祖として、白蓮社《びゃくれんしゃ》を結んでいました。世に念仏禅《ねんぶつぜん》と呼ばれ、当時の日本の臨済宗や曹洞宗から会下《えか》に参ずる者が続出したと言います。

のちに玉島円通寺の開山となった良高も、若き二十一歳のとき、黄檗宗の初山《しょさん》に登り、独湛《どくたん》（隠元の法嗣）に逢っています。『首楞厳経《しゅりょうごんきょう》』の講義も聴いています。その翌年、良高は黄檗山に登り、隠元や木庵《もくあん》（隠元の法嗣）について大戒を受けたのでした。

良高二十五歳のとき、江戸に出て、黄檗宗の大慈庵 汐音（木庵の法嗣）に参禅しました。黄檗宗の教えは、人は生まれつき自分の心の中に悟りを持っているというものです。それを「正法眼蔵《しょうぼうげんぞう》」といい、その真理にたどり着くために、己《おのれ》の心に向き合うことが大切だと言います。自分の心の中に最初から阿弥陀仏が在るのです。その阿弥陀仏に気付くために「坐禅」をするのです。

「唯心」（すべての現象は心がうみだしたものであり、真理は心の内部にあるという教え）、つまり存在するのは唯《ただ》、心《こころ》だけであるという教えを大切にしています。だからこそ、心の中に阿弥陀様がおられる、それに気付くために私たちは日々を懸命に生きているのです。

その教えに良高は心うたれたのでした。

良高も参禅したように、その頃の日本の仏教は隠元禅師の登場によって、風が黄檗宗に吹いていていました。

のちに加賀《かが》大乗寺《だいじょうじ》（曹洞宗の禅寺）の住職になった月舟宗胡《げっしゅうそうこ》（曹洞宗中興の祖）も、隠元禅師に参禅した一人です。

その当時、曹洞宗は黄檗宗に席巻《せっけん》されようとしていました。

それが返って、曹洞宗や臨済宗の日本の禅宗では日本で綿々と守られてきた古来の禅がやはり良いのではないか、という気運が高まることともなったのです。

やがて、月舟宗胡《げっしゅうそうこ》は「道元《どうげん》(曹洞宗の開祖)に『帰るべし』」との声を発します。月舟は黄檗宗の禅に触れることにより、日本に古くからある曹洞宗の禅の良さに目覚めることになったのです。月舟は曹洞宗の禅を再び広めるため、懸命な毎日を送っていたのでした。そのお陰で、曹洞宗が衰退するという危機を逃れることができたと言われています。

月舟が盛んに大乗寺で法を説いているという噂を聞き、良高は参禅していた黄檗宗の汐音のもとを去り、曹洞宗の月舟の会下に入門しました。

延宝三年(一六七五年)、良高二十七歳のときでございました。

それから良高は道元の教えを心に、さらに修行に没頭したのです。良高は心に黄檗禅《おうばくぜん》を持ちながら、曹洞禅《そうとうぜん》へ転じたのでありました。

月日が巡り、元禄四年（一六九一年）、四十三歳の良高は加賀 大乗寺（曹洞宗）の住職になっていました。

その五年後、元禄九年（一六九六年）二月に四十八歳で加賀 大乗寺から、備中明崎村の韜光庵《とうこうあん》に移って来られました。良高和尚は玉島へ来られたのです。

偶然にも良高和尚が玉島に来られたというのは、豪雨による災害や疫病が流行し、「星浦観音」のたたりではないかという風聞が玉島に広がっていた、ちょうどその頃だったのです。

こうして、不思議なご縁で、元禄《げんろく》十一年（一六九八年）に良高和尚を開山とし、補陀洛山円通庵が開創されることになりました。

徳翁良高和尚は円通寺山門の脇に「不許葷酒入境内」（葷酒《くんしゅ》 境内《けいだい》に入《い》るを許《ゆる》さず）という石碑を建てました。葷《くん》（葱《ねぎ》、韮《にら》、大蒜《にんにく》など）や酒（般若湯《はんにゃとう》と呼ばれる）を境内に入れてはならない、という意味の言葉の碑です。この年の夏に建立されました。

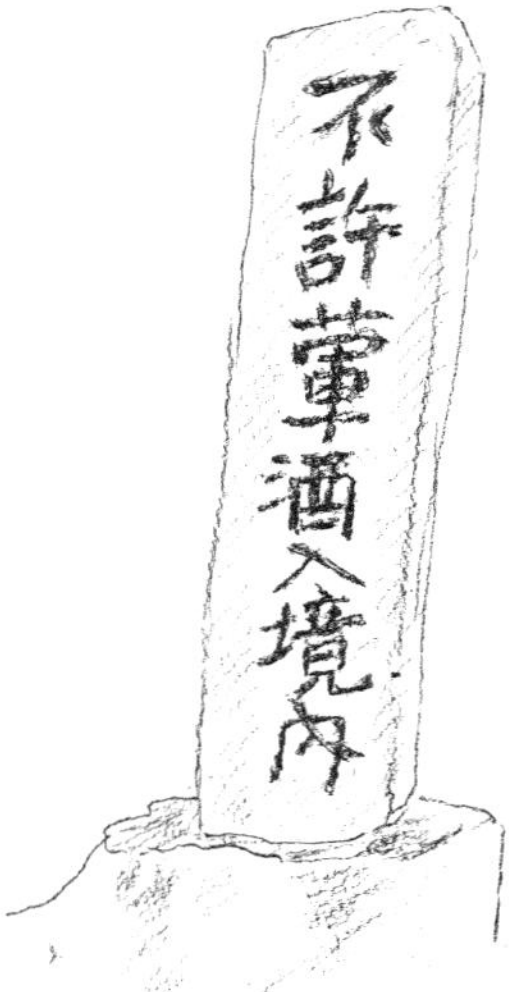

良高和尚は曹洞宗の住職ではありますが、黄檗禅の気風も根底に持っておられる方です。黄檗禅の祖である隠元和尚は「南無 阿弥陀仏」の名号を以て坐禅を行う、念仏禅を教えておられます。

それで、良高和尚は阿弥陀様に対する信仰心も持ち合わせておられるのです。

阿弥陀様は阿弥陀如来とも言い、無量光仏、無量寿仏と漢訳されます。ここより西方の十万億土にある極楽浄土におられ、ずっと現在も教えを説いておられます。すべての人を救って下さっているのです。この阿弥陀如来も悟りを開くまでは一人の修行僧でした。法蔵《ほうぞう》菩薩《ぼさつ》という名でした。すべての人を救いたいと願い、気の遠くなるような時間をかけ、十《じゅう》万億仏土《まんおくぶつど》を過ぎたところに浄土を作り出すことができたのです。すべての人を救う力を得て、阿弥陀如来となりました。

無量光《むりょうこう》と無量寿《むりょうじゅ》。

それは阿弥陀様の御利益《ごりやく》です。

無量光とは、過去 現在 未来にわたり、智慧の光明が果てしがないことです。量に限りが無いのです。その光は無限の恵みをもたらします。あまねく隅々まで照らして下さる光です。智慧の光を届けて下さっているのです。

無量寿とは、限りない寿命のことです。過去 現在 未来、いのちが大切であるということです。私のいのちも、あなたのいのちもかけがえがないのです。それを教えてくれるのが阿弥陀様の慈悲の心です。もっとも大切なのはいのち、生きることなのだと。阿弥陀様の一番の御利益《ごりやく》は長寿です。生きてこそのいのちであると教えて下さっています。

黄檗禅の気風を根底に持つ良高和尚は、阿弥陀様の仏像を大事にしておられました。

曹洞宗のご本尊は、本来は釈迦如来ですが、玉島 円通寺では行基菩薩の作られたという星浦観世音菩薩様と良高和尚の大切にしておられた阿弥陀様もおわすのです。

また、良高和尚には生涯大切にしておられ

阿弥陀如来像

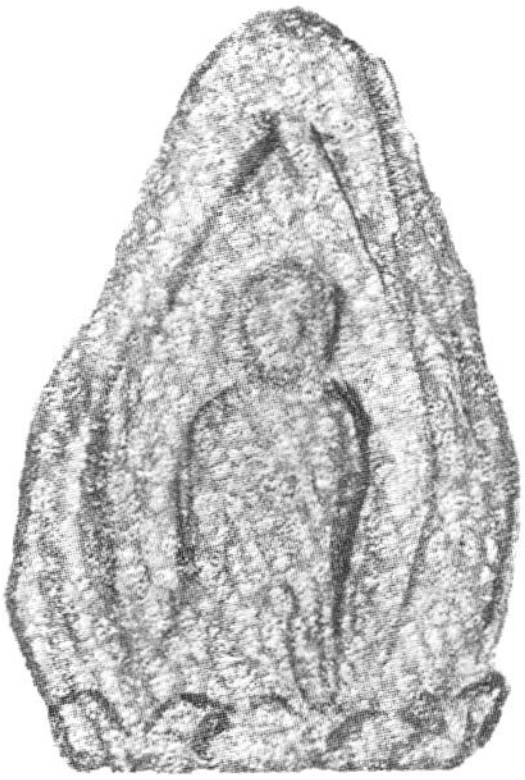

良高和尚の念持仏

た、小さなお地蔵様がありました。両手に乗る、かわいらしき石のお地蔵様です。念持仏《ねんじぶつ》として大切に大切にしておられたと言います。一咫《ひとあた》（咫・あた。日本の上代の長さの単位。開いた手の親指の先から中指の先までの長さ）ほどの高さですが、見た目よりずしっと重いお地蔵様です。念持仏とは、常に自分のそばに置いておく仏像のことです。枕の近くに置くこともあるので枕本尊とも呼ばれます。


身近に置くので、いつも心は一緒に在ります。あるいは、そこに重ねたのは父や母の姿であったのかもしれません。

星浦観世音菩薩様を作ったという行基菩薩の歌に、山鳥の出てくる一首があります。

山鳥《やまどり》の　ほろほろと鳴《な》く　声聞《こえき》けば　父《ちち》かとぞ思《おも》ふ　母《はは》かとぞ思《おも》ふ

この歌を心に思い浮かべる時、人の心というものは、今も昔も同じなのだと気付かされます。天平の昔から、人の心は変わらないのです。

宝永六年（一七〇九年）二月、良高和尚は六十一歳で遷化されました。

「任運《にんぬん》」（運を天に任せる）という言葉をよく遺っておられた方でございました。

数年が経った正徳四年（一七一四年）、円通庵は円通寺と改称されることになりました。

補陀洛山　円通寺の誕生でございます。開山 良高和尚の寂滅後、実に五年ののちのことでございました。

その後、円通寺は厳しい修行道場として綿々と続いてゆくことになります。

円通寺三世の良機和尚は良高和尚の法嗣です。碩学《せきがく》の誉れ高く、皇室の師範を務めた功により、「円通寺」の寺号勅額を、元文三年賜ります。寺格も別格地随意会《ずいいえ》（三年に一度安居が許されること）が許されます。

円通寺十世国仙の時代には最高の寺格である常恒会地《じょうこうえち》（夏と冬の二期に安居が許される寺）の免牘《めんとく》を受けました。

国仙和尚の師匠は全国和尚《ぜんこくおしょう》です。円通寺開山 良高和尚の法嗣です。つまり、国仙和尚は良高和尚の孫弟子となるわけです。

国仙和尚の師匠、全国和尚は、国仙が四歳のときにその身を預かったといわれています。

あたたかい人柄です。

全国和尚は円通寺開山 徳翁良高《とくおうりょうこう》和尚門下の中でも、勝れた禅師です。「鬼全国《おにぜんこく》」とも呼ばれましたが、それはその相貌《そうぼう》が禅師として厳しかったためであろうと言われています。当時一流の師家《しけ》でありました。良高和尚は全国和尚を育て、全国和尚は国仙和尚を育てました。その国仙和尚は、良寛を育てたのです。

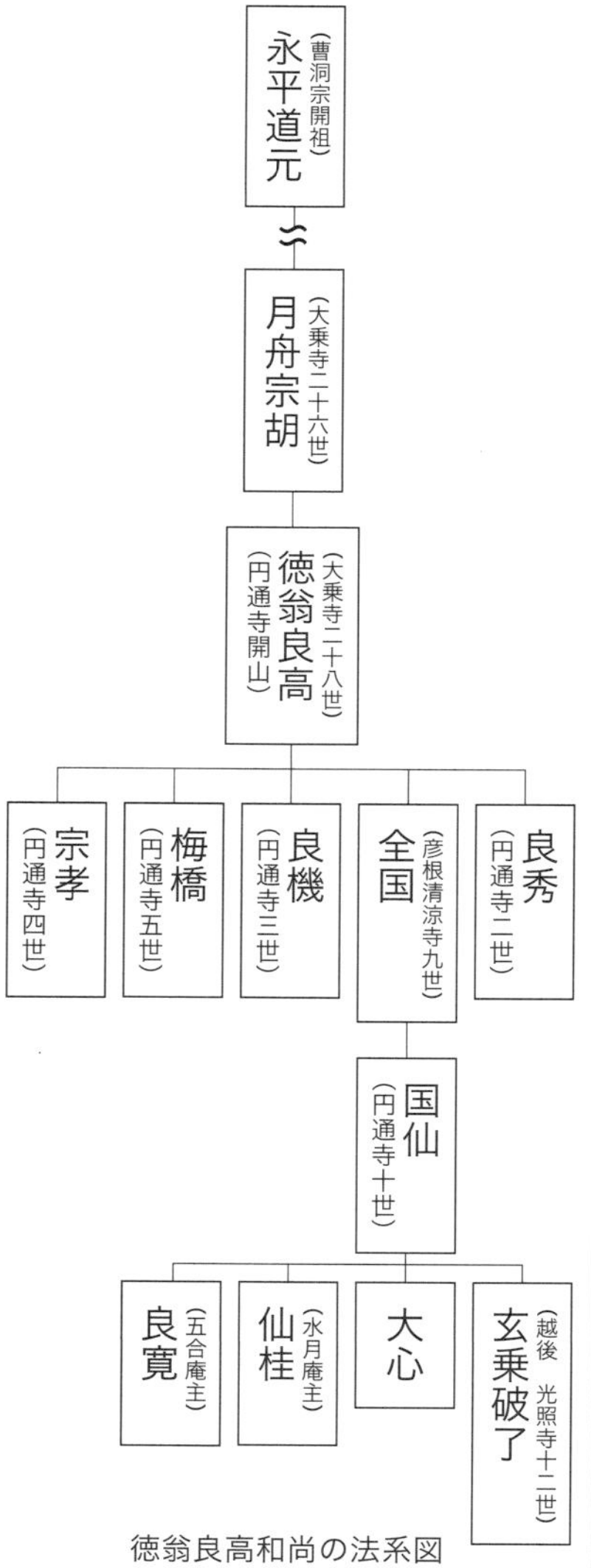

徳翁良高和尚の法系図

達磨大師一人の禅が、中国で五つの派に広がっていったことを表現する「一華《いっか》五葉《ごよう》に開《ひら》く」、この言葉を良高和尚に感じるのです。

こうして、星浦観音様を代々大切にする心が受け継がれていったのでありました。

星浦観世音菩薩

4

国仙和尚《こくせんおしょう》（良寛の師）

「観《かん》」の力《ちから》。観自在菩薩、すなわち、観世音菩薩の持つ力。

「観」とは心の眼です。「観」の眼は物の本質を捉える眼力が要《い》ります。その力はなかなか養うことができません。見て受け取ったそのままで真の姿も観なければならないのです。

「観《かん》」の目を得るとは、大きな視野、深い洞察力、ずばり本質を見抜く力が備わることでもあります。人の持つ根源的な質を感知する力なのです。

眉間にしわを寄せると、観の目の力は得られない、すなわち、観の力を得た者は眉間にしわを寄せることはない、と言われています。

つまり、「観の目」を持つ者はやわらかい表情をしていると言うのです。

その「観の目」を自分も持ちたいと願う十八歳のある青年が、お寺に跳び込みました。向かったのは越後の尼瀬《あまぜ》にある光照寺《こうしょうじ》という曹洞宗《そうとうしゅう》のお寺でした。

深夜まで総出で盆踊りに興じていた翌安永四年（一七七五年）七月十八日の早朝のことだったそうでございます。

青年は光照寺の門の前で、「私《わたくし》は山本文孝《やまもとふみたか》と申します。蘭谷万秀和尚様《らんこくばんしゅうおしょうさま》にお目通りを願います」と、礼儀正しく挨拶をしました。光照寺は文孝の生家、山本家からは歩いて十五分ほどのところにあります。山本家というのは、越後《えちご》出雲崎《いずもざき》の名主を代々務める山本家のことでございます。橘屋《たちばなや》と呼ばれ、古くからの名門の家です。万秀和尚は山本家と縁続きです。文孝はまだ栄蔵という名であった頃から、この光照寺の寺子屋へ通い、万秀和尚に慣れ親しんでいたのです。

その名主の山本家の跡取り息子が、山本文孝なのでした。

文孝の突然の来訪に驚いた万秀和尚は、ともかくも自室《じしつ》へ招《しょう》じ入《い》れました。

その一青年は、万秀和尚の前に正座し、丁寧にお辞儀をしました。いつもとは少し雰囲気が違います。

「どなたがお越しなのかと思いましたら、文孝殿《ふみたかどの》ではござりませぬか。朝早くから、いかがなさりましたか？」

そのように聞かれても、すぐには返事ができませんでした。文孝は黙ったままです。万秀和尚も黙ったままで対座していました。

三十分ほども経った頃でしたでしょうか。

「万秀和尚様、私、山本文孝《やまもとふみたか》は、出家致したく、この度《たび》、ここへ参りました」と小さな声でゆっくりと言い、深々と頭を下げたのです。

いつもとは違う雰囲気、思い詰めたような橘屋の跡取りを見て、『もしかしたら』と、一瞬頭をよぎったことではありましたが、万秀和尚は困ったことになったと思いました。

『やはり、家を出て来たのだな。出家しようと思って……』

「文孝殿、私はもう隠居の身である。今の私には文孝殿の出家をどうこう言うことはできぬ。住職の破了和尚を交えて話をせぬか？」と万秀和尚は冷静に答えました。

光照寺住職の玄乗《げんじょう》破了《はりょう》和尚《おしょう》は、すぐに万秀和尚の室にやって来ました。

もちろん、橘屋跡取りの山本文孝のことは知っています。

文孝は入室した破了和尚に一礼し、

「破了和尚様、お久しゅうございます。突然、朝早くから参りまして誠に申し訳なく存じます。私、山本文孝《やまもとふみたか》は、出家致したく、この度《たび》、ここへ参りました」と切り出しました。

「名主《なぬし》の昼行灯《ひるあんどん》息子《むすこ》と言われ続けておりましたが……」と文孝は話し始めました。

これには破了和尚も万秀和尚も苦笑いをするしかありませんでした。

行灯は明かりを灯す道具です。明るい昼間には必要がありません。つまり、昼行灯とは役に立たないという意味です。文孝は「名主の昼行灯息子」と、世間ではそのように言われていたのです。皆が知っていることでした。

「役立たずの私は、やはり名主としては、その道、歩むこと、かなわぬと存じます。今日、ここ光照寺へ参りましたとき、この道が白く見えました。光照寺への道が白い道だとわかったのです」

「白い道……、白道《びゃくどう》ということですかな？」破了和尚は文孝の言葉を待ちました。

「はい。まさに白道《びゃくどう》だと思えたのでございます」

「なんと……」

文孝は、『二河白道《にがびゃくどう》の喩《たと》え』に出てくる一本の白い道に、橘屋から光照寺への道のりを重ねているのでした。

『二河白道《にがびゃくどう》の喩《たと》え』とは、唐（中国）の善導大師《ぜんどうだいし》（六一三年〜六八一年）が説いた「観無《かんむ》量寿経疏《りょうじゅきょうそ》」（略して「観経疏《かんぎょうしょ》」）（称名念仏《しょうみょうねんぶつ》を第一としたもの）にある喩《たと》え話です。

お話しは、ある人が東から西に向かって進んで行くと、無人の原野に忽然として、水と火の二つの河に出会うところから始まります。火の河は南、水の河は北に、その中間に一筋の白い道がありますが、幅がわずか四、五寸（十二cm〜十五cm）ほどしかありません。どちらの河にも落ちることができません。他に道はなく、その一本の白道《びゃくどう》しか前には進むことができないのです。

引き返そうと振り返ると、なんと後方より群賊《ぐんぞく》や悪獣《あくじゅう》が迫って来ているではありませんか。往くも還《かえ》るも止まるも、死を免《まぬが》れ得《え》ないのでした（三定死《さんじょうし》）。

前方の白い道に進むしかありません。しかしその道は、幅が狭く、踏み外すかも知れないのです。無事に渡る自信がありませんでした。もしも、失敗したら、即《そく》自分の命はありません。足がすくんでいるところへ、後ろの群賊や悪獣は言いました。「私たちはあなたを傷付けることはありません。こちらへおいでなさい」と。その人は迷いました。ならば、引き返そうか、と思ったそのとき、西の岸から「一心《いっしん》に躊躇《ためら》うことなく、白い道を真《ま》っ直《す》ぐこちらへ来るがよい。わたしがそなたを護《まも》ろう」と喚《よ》ぶ声《こえ》がしたのです。その人は西の岸からのその声を信じて前方の白い道を真っ直ぐに進みました。疑わず、心から信じながら白道を行き、無事、善き友と会えた、というのです。西の岸から喚ぶ声の主は阿弥陀様《あみださま》だったといわれています。

白い道は細く、踏み外しそうになります。おそらく邪念があれば、すなわちどちらかに足を踏《ふ》み外《はず》すのです。疑いの心があれば、一瞬の気のゆるみでどちらかに足をとられるでありましょう。けれど、その道が本来進むべき道でありましたならば、信じる心一つがあるだけで、必ず、間違いなく護られつつ、歩むことができるのです。


どの道が自分にとっての白道なのか、文孝は、光照寺への道が自分にとっての白い道なのだと確信して門を叩《たた》いたのでした。

「もし、ここへの道が私にとって違う道なのであれば、踏み外すことになりましょう。間違っているのか、間違っていないのか、私にはわかりません。けれど、私は信じようと思うのです。今日、光照寺へ一歩一歩、足を進めてきた、この道のりが私にとっての白道であると」

破了和尚は、文孝と初めて出遭ったような気がしました。それは万秀和尚も同じでした。文孝はおもむろに懐《ふところ》から一枚の紙を出しました。真剣に書と向き合ってきたであろう楷書《かいしょ》で二文字《ふたもじ》の漢字が書かれていました。そこには「良観」とあったのです。

破了和尚は目を大きく見開きました。文孝は一度息を整えてから、静かにこう言ったのでございます。

「私《わたくし》は、良観《りょうかん》と名乗りたく、…存じます」

『なんと……。文孝殿は出家したあとの名を決めていたのか。とうに肚《はら》をくくっていたということか』破了和尚と万秀和尚は、顔を見合わせました。

破了和尚は深く息をしました。『昨日今日の思いつきではなさそうだな』と、破了和尚もまた、肚《はら》をくくったのでありました。

「良観、か。善《よ》き名《な》であるな」

「破了和尚様、有り難うございます」

横で聞いていた万秀和尚は文孝に尋ねました。「しかし、何故このような名を?」

文孝はしばらく考えてから、答えました。

「はい。良き観の力を身に付けたく存じたからでございます」

「良き観の力？」

「はい。私はこの世は残酷なことばかりだと思うのです。つらいことばかりがあります。頑張っている人が報われない、努力も水の泡になるような、そんなつらいところだと思うのです。今の私は救われたいのに、自分で自分を救うことが出来ません。また、今の私には、誰かを救いたいと思っても、誰かを救うこともできません。救われたいのに救われず、救いたいのに、救えないのです。絶望の気持ちでおりました。もう何もかもが無理なのか、と自問自答を繰り返しておりました。その内に、どこかに希望があるのではないか、いや、希望はどこかに必ずあるはずだ、と思うようになったのです。一縷《いちる》の望みさえあれば、人は……、私は……、生きてゆけるような気がするのです。そのために良き観の力を得たいのです。人の持つ根源的な質を見抜く、観の力を……」

誰も声を発することができません。

やがて、破了和尚は文孝を見つめて言いました。

「……さようであったか。文孝殿は名主見習いとして、つらいことも多いと聞く。さぞ、今まで孤独であったろう。今のままでは、自分が救われることも、人を救うこともできぬ、ということに気付いたということなのですな。何か方法があるのではないかと様々思案した挙げ句、他に道はない、あるのは白道だけだと思われた。その白道は、この光照寺への道であった、ということですな。それで、今朝、ここへ、白道を走って来られた、ということですな。……よく、参られました」そこで、破了和尚は一呼吸《ひとこきゅう》を置《お》かれました。

「しかし、文孝殿、白道はこれからが長い道のりじゃ、それはわかっておられましょうな」

「はい。もちろんでございます」

「さようか。文孝殿、……いや良観よ。ここで修行なさるがよい。良き観の力を得るために。良観の観の字は、観自在菩薩、観世音菩薩の観でもありましょう。観音様のような人物になれるように、白道を進み、一心に励まれよ」

この破了和尚の言葉に、文孝、いや、良観は瞳《め》が潤《うる》んでくるのがわかりました。隠居の万秀和尚も同様でした。

奇《く》しくも、それは盂蘭盆《うらぼん》の日でございました。

この日から文孝、改め、良観の修行の日々が始まりました。

しかし、おいそれと得度、出家というわけにはいきません。

相手は名主、橘屋の後継者なのです。

『文孝殿の発心《ほっしん》は素晴らしいものだとは思うが、しかし、修行の日々を送る内に、心も変わるやもしれぬ。また、変わらぬやもしれぬが。……まぁいつか、何かの機縁《きえん》があるであろう』と、まずはこの光照寺で、良観という一沙弥《いちしゃみ》として修行させることにしたのでありました。

沙弥とは、仏門に入り、剃髪《ていはつ》し、修行する少年僧《しょうねんそう》のことです。

光照寺の住職、三十一歳の玄乗破了《げんじょうはりょう》和尚の元で十八歳の良観《りょうかん》は、沙弥《しゃみ》として坐禅や、作務の修行の日々を送り始めることになったのです。

この玄乗破了《げんじょうはりょう》和尚は、国仙和尚《こくせんおしょう》という高僧の弟子です。その破了和尚が縁あって光照寺に入られ、そこへ良観が実家から逃れるように入ったのでありました。

橘屋の跡取りとして何不自由なく暮していた良観にとって、お寺での日々はまるで別世界です。実際に寺に入ると、傍《はた》で見るのとは大きく違っておりました。

箒《ほうき》で門前《もんぜん》を掃《は》いたり、本堂《ほんどう》の床《ゆか》のぞうきんがけをしたり、水汲《みずく》みから薪運《たきぎはこ》びまで、朝から晩まで用は綿々《めんめん》と続きます。

しかし、それが今の良観には救いでした。

目の前の作業を黙々とこなしていくそのときは、名主見習いのお役目のあの日、あのときの重い気持ちを忘れることができたのです。

良観にとって、光照寺での修行が一縷の望みでありました。

黙々と、実に黙々と修行に励む日々でございました。

坐禅

沙弥 良観としての日々も四年が経とうとする安永八年（一七七九年）の四月、破了和尚の師《し》、国仙和尚がここ光照寺へ逗留《とうりゅう》することになりました。

備中玉島円通寺《びっちゅうたましまえんつうじ》の住職である国仙和尚は弟子の大心と共にはるばる越後まで来られたの

です。

玄乗破了和尚《げんじょうはりょう》が晋山江湖会《しんさんこうこえ》の西堂《せいどう》（導師《どうし》）として師の国仙和尚をお招きしたのでした。

「晋山江湖会《しんさんこうこえ》」の「晋山」とは新たにその寺に住職として入ることです。「江湖」というのは、「平常心是道《びょうじょうしんこれどう》」で有名な馬祖道一《ばそどういつ》が江西《こうせい》（長江の西《ちょうこう》）に、六祖慧能《ろくそえのう》の弟子であった石頭希遷《せきとうきせん》が湖南《こなん》（洞庭湖《どうていこ》の南）にそれぞれ住んでいた時、参禅の僧侶たちがその間を行き来し修行した、という故事に基づく言葉で、そこから、広く諸方の僧が集まり結制安居《けっせいあんご》の修行をする会を江湖会というようになったと言われています。結制《けっせい》とは、夏《なつ》に安居《あんご》に入ることを言い、夏安居《げあんご》と呼ばれています。夏籠《げご》りとも言い、字のごとく、夏の間、外出せずに一所《いっしょ》に籠もることです。夏の三ヶ月の間、近隣の僧を集めて一緒に修行をしたのです。

江湖会《こうこえ》というのは夏安居《げあんご》のことなのです。

夏安居とは四月十五日から七月十五日まで僧侶が集まり、禅を組むことです。

中でも七月十五日は大切な日とされてきました。

お釈迦様の十大弟子《じゅうだいでし》の中の神通第一《じんつうだいいち》といわれた目連尊者《もくれんそんじゃ》は何でも見通す力がありましたが、自分の母が餓鬼道で苦しんでいるのを見通してしまいました。食べ物が目の前にあっても、口の中に入れようとするとぱっと消えるのです。喉《のど》も渇《かわ》き、ずっとお腹がすいたままなので、苦しいのです。目連はお釈迦様に相談します。お釈迦様は夏安居のおわる七月十五日に飲食《おんじき》を供養すれば、その功徳により、母は救われるであろう、とおっしゃいました。目連がその通りにすると、餓鬼道におちて苦しんでいた母はもとより、他の亡者も救われ、小躍りしたといわれています。これが盆踊りの起源となりました。また、夏安居のおわる七月十五日に食べ物をお供えした日がお盆となりました。

盂蘭盆の起源です。

夏安居はお寺の大切な行事なのです。それを江湖会とも呼ぶのです。

国仙和尚を導師として迎えたこの度《たび》の光照寺の「晋山江湖会《しんさんこうこえ》」では、近隣から集まった僧侶と共に、九十日の間、寺に籠もり、ひたすら坐禅を組んだのでありました。良観もその中の一人でございました。

良観は、多くの僧が光照寺に集う中、国仙和尚を目の前に見、『なんとやわらかい表情をしておられるのだろう』と思い、国仙和尚のお姿にくぎ付けになりました。まさしく良き観の力を強く感じたのです。眉間にしわを寄せることもなくやわらかに微笑みをたたえた国仙和尚のお顔を良観は驚きながら見上げていました。

その良観の様子を注意深く見ていた人物がいます。

玄乗破了和尚でした。

その日の宵《よい》、破了和尚は良観を自室へ呼びました。

もうあたりは薄暗くなっております。

「良観でございます。お呼びと聞きましたが」

戸の外で座し、手をついて師匠に申し上げると、破了和尚はおだやかに戸の外に向かって「良観か、入りなさい」と言いました。

良観が戸の中へ入ると、行灯《あんどん》の明かりが破了和尚のお顔をやわらかく照らしていました。

破了和尚は笑顔で良観に告げました。

「良観や、そなたがここへ来てから、どれほど経ちましたかな」

「はい、和尚様。四年ほどでございます」

「早いものだなぁ。そなたがここへ来た当初はどうなることかと思いましたが、四年もの歳月がこの光照寺で過ぎたのですな。この度の夏安居も一生懸命に勤めておられますな。わしは嬉しい、と心から思いました。ところで、良観は今日、国仙和尚のお姿を初めて目の前に見たであろう？」

師匠の問いに良観は「はい」と答えました。

「国仙和尚のお姿を見て、そなたはどう思いましたかな？」

「はい。なんとやわらかい表情をしておられるのだろう、と思いました。もっと厳しい雰囲気の方かと想像しておりましたので……」

「そうか、やわらかい表情に見えたのか。そのように観じたのだな？」

「はい」

「わしは良観が国仙和尚のお姿を見上げる様子をずっと見ておった。今日、国仙和尚を見

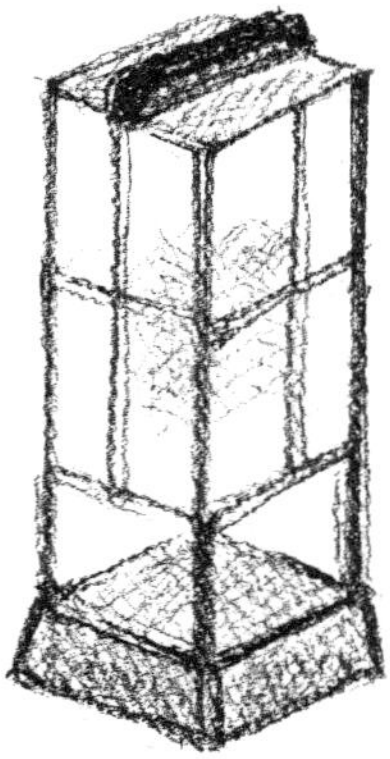

上げるそなたの姿を見て、わしは、一つの考えを持った」

「一つの考え…でございますか？」

「そう、一つの考えを持ったのだ。良観や、そなたは国仙和尚の弟子になる気はないか？」

「え？……この私が、国仙和尚様の弟子に？」良観にとっては思いもよらないことでありました。

これまでの四年という歳月、破了和尚にどれほど導いていただいたかしれません。ただ、和尚についていき、目の前のことを実直に淡々と行い、その先にいつか、どこかに自分の生きる道を見い出せる日が来れば、と、その一念で今日《こんにち》まで作務に坐禅に取り組んできたのです。

今日《きょう》、国仙和尚のお姿に接し、確かに、何とも表わしがたい何かを自分は感じたような気がするけれど、それが何であったのか、良観には今でもわからないのでした。

それを師匠は、ずばりと見抜いたのでありました。

『良観は、国仙和尚のお導きを必要としている』と。

破了和尚はさらに続けました。

「もし、良観が国仙和尚の弟子になる気持ちがあるならば、私から話してみるつもりだ。私の若き頃の師匠だから、きっとお受け下さるはず。実は国仙和尚の弟子になるのは非常に難しいことではある。まず、中々門下には入れぬ。よしんば門下に入ったとしても、余りの厳しさに耐えきれないかもしれぬ。しかし、そなたには国仙和尚の修行に耐えうる精神力が備わっておる、と私は観《み》ている。どうかな?　自信はあるかな?」

「自信は、ありません。国仙和尚の弟子になるということは、備中玉島の円通寺へ行く、ということでもあります。はるか遠いところへ行き、今の私に修行が務まるのかどうか……」良観は正直に言っていました。そこが良観なのです。

「そう言うのではないかと思っておった。そう言いながらも、そなたは、どうしたら国仙和尚の弟子として修行ができるであろうか、と、心の中ではもう思案を始めているのではないか?」と破了和尚はにやりと笑って言うのでした。

良観は師匠に見透かされていることを知りました。『ならば、わが最初の師、破了和尚の言葉を信じて、今、国仙和尚の弟子になるべきなのではないか』と良観は肚《はら》を据《す》えたのでありました。

実は、良観はこの二年前、妹が生まれたことを山本家から知らされておりました。「みか」という名だということでした。もちろん会いには行けません。そして、昨年、弟の由《ゆう》之《し》が名主見習いになったことを、やはり橘屋からの便りで知らされていたのでございます。良観はこの二年の間、山本家には家族が増えていること、その妹にはいまだ会っていないことをせつなく思い、名主見習いとなった弟には『すまぬ』という申し訳ない気持ちを持ちながら、修行に励んでいたのでありました。しかし、これで、父も母も、自分ではなく、弟に継がせようと思い定めてくれたのだと、どこかで安堵《あんど》してもいたのです。もちろん、由之が名主見習いになったと知った日は坐禅の間にも心が中々定まらず、ぐらりぐらりと心が揺らいでおりました。『これでよかったのか。これは正しい道だったのか』と自分を責める心で満たされておりました。

自分の生家、橘屋へ戻るつもりはないものの、自分の替わりに弟が名主見習いにならされている事実を受け入れることは容易ではありませんでした。

名主見習いにならされている、と思うほど、自分にとって名主という立場は過酷なものでした。人と人が傷付け合う世界、欲の世界、自分には耐えられない世界でした。

そこに、弟が入っていかねばならない。

弟の由之は父母の期待に応えるべく、名主職を一心につとめようとするであろう。私とは違う。大きな心を、折れぬ心を弟は持っている。だから、きっと橘屋は大丈夫であろう。

しかし、私は逃げ出したのだ。小さな、ちっぽけな私は父母の期待を裏切ったのだ。父母を傷付けたのは紛れもないこの私だ。取り返しのつかないことをしたのはこの私なのだ。

心の中には父母の顔、弟や妹、自分の生まれ育った橘屋の家の天井や壁、障子や襖、床の間や畳、木の柱、庭の木々や草花が鮮やかに思い出されていました。

捨てたはずの実家の様子でございました。


弟由之のこと、実家のことを思いながら、禅を組む日々を送っておりました。

年が改まっても、その思いはずっと尾をひいていました。

季節が巡り、夏となり、国仙和尚に対面する運命の日がやって来たのでした。

今、自分は、あの名高き国仙和尚の弟子になるかどうかを決め、自分の心を破了和尚に告げなければなりません。

良観は、最初に国仙和尚のお顔を拝した瞬間のことを思い出しておりました。その瞬間、『もしかして、このお方に会うべくして私は仏門に入ったのか』と直観していたのです。


国仙和尚に出会うべきご縁なのだ。

ならば、国仙和尚について行かねばならぬ。


翌日、良観は破了和尚に自分の意志を伝えました。

破了和尚はその決意を聞き、しばらく様子をみました。夏安居のおわる七月十五日まで、様子をみることにしたのです。

良観の心が動かぬことを観た破了和尚は、国仙和尚に話をしました。

まず、破了和尚は、良観が元は出雲崎きっての名門、橘屋の跡継ぎであったこと、それを捨て、光照寺に駆け込んできたこと。橘屋から光照寺への道のりが白道だと確信してやって来たこと、自分で良観という名を決めて来ていたこと。あれから四年が経つことを伝えました。

「昨年、橘屋の跡は良観の弟の由之殿が継ぎました。それを良観は耳にしております。良観にはさぞ複雑な心境でありましょう」

「ほぉ……。良観はそんな複雑な心のまま、苦しんでおるのじゃな」

「はい。良観はもう実家へは帰れませぬ。そのことも本人はよくよくわかっていることと思います。その苦しみから救ってやりたいのです。そろそろ、誠の仏門に入れてやらねば、本人のためにもなりますまい。どうしてやるべきか、私はずっと考えておりました」

「さようでありましたか」

「それで、過日《かじつ》、国仙和尚様を初めて見上げる良観の姿を見ておりまして、良観はこの私ではなく、国仙和尚様のお導きをこそ必要としているのではないかと思い始めたのです……」

「このわしを?」

「はい。あのとき、国仙和尚を見上げたとたん、良観の瞳《め》の奥がきらりと光ったのでございました。そんな良観を見たことはいまだ一度もありませんでした」

「ほぉ、さようであったか。破了、そなたが良観の瞳の奥の光を観たというのであれば、確かであろう。実は、このわしも、良観なる者が並み外れておることに驚いておったのじゃよ」

「まことに。さようでございましたか。良観はどのように並外れているのでしょうか」

「ん。眼《まなこ》に宿る清らかさじゃな。この拙僧にはないほど清らかな目をしておった」

「さようで……。たしかに、あの清らかな目は、輝きを増せば、人を救う力を得るでしょうが、曇れば、本人自身のことも救えますまい」

「成る程。わしにもそのように思える。一《いち》か八《ばち》か、この光照寺を、いや越後を出るのは一つの方法かもしれぬな……、明日、良観と話をしてみようではないか」

これが、国仙和尚の答えでございました。

その翌日、破了和尚は良観を自室へ呼びました。

「良観でございます。お呼びと聞きましたが」

常の通り、戸の外で座し、手をついて師匠に申し上げると、破了和尚は戸の外に向かって「良観か、入りなさい」と言いました。

良観が中へ入ると、行灯《あんどん》の光が破了和尚と国仙和尚のお顔をやわらかく照らしているではありませんか。

良観は破了和尚のお部屋に、国仙和尚もおられるのを見て驚きました。

急に鼓動《こどう》が早くなり、膝《ひざ》を進めるのが躊躇《ためら》われました。

『あの話が国仙和尚のお耳に届いているのかもしれない』

破了和尚は「良観や、国仙和尚がお話があるそうでな」と言うと上座《かみざ》の国仙和尚に「良観でございます」と改めて紹介しました。

「ん、良観か。わしは国仙と申す。そなたの良観という善い名は自分でつけたとか聞いておるが」

良観は足のすくむような思いで国仙和尚の御声《みこえ》を聞きました。

「良観というその名に、何かそなたの思いがあるのですかな」

「はい、さようでございます。良き観じる心を持ちたいという一念を込めております」

「そうか、誠に善い名じゃな。ほんに善い名じゃ、善い名じゃ」

そう言ってにっこりなさいまいした。

良観はその笑顔に、わずかに心が和みました。

「ときに、相談じゃが」と国仙和尚は少し顔を引き締めておっしゃいました。

「わしの弟子になりたいということじゃが、そなたがこの故郷を離れ、遠く備中の玉島というところに行くという覚悟、その肚《はら》はできておるかな？」

良観は、さっと両の手をつき、「覚悟、できております」と答えました。良観はそんな言葉が即座に口をついて出てくるとは思いもよらず、自分で驚きました。

「ん、ならば、早速にわしの行脚《あんぎゃ》についてまいれ。いくつか立ち寄るところはあるが、これから円通寺へ戻ることになるのでな」

「あ…有り難きことにございます」良観は突然のことに驚きながら喜びました。

しかし、国仙和尚は意外なことをおっしゃったのです。

「わしの新しき弟子、ということになるが、これを機に名を良観から良寛へあらためたらどうかと思うのじゃが」

それには破了和尚が驚きました。「『りょうかん』から、『りょうかん』へ？」

「そうじゃ、良寛へ。良いという字はそのままで、二字目の観という字を寛大の寛という字に変えてはどうかと思うのじゃ」

「ならば、良観の観の字を捨てるということでございますか？」と聞いたのはまたも破了和尚でした。

「いや、捨てるのではない。重ねるのじゃ。観を根底に持ちつつ、寛も持つ。そうすることで、観であり、寛となる。ゆったりと良き観の心を持つようになれるのじゃな。良寛よ、新しき白道《びゃくどう》である。共に歩もうではないか」

このあたたかき言葉を聞き、破了和尚も良寛も心が震えたのだと言います。

これより良観は良寛となり、晴れて国仙和尚の新しい弟子に加わることになったのです。

安永八年（一七七九年）、己亥《つちのとい》の歳、国仙和尚五十七歳、良寛二十二歳の秋、九月下旬《げじゅん》のことでございました。

備中へ旅立つ日、蛇崩れの丘で、良寛は、父、母、弟妹たち、その他親類縁者《しんるいえんじゃ》が見送る中、別れの言葉を交わしました。母は、良寛の手をぎゅっと握りしめています。

良寛は母のよく言っていた「念《ねん》ずれば通《つう》ず」という言葉を思い出していました。

やがて、良寛の手の甲《こう》に、母のあたたかき涙が滴《したた》りました。

「文孝や、体に気を付けるのですよ。くれぐれも、無理をせぬようになさいよ。風邪《かぜ》をひかぬように。それから、人様には優《やさ》しい眼差《まなざ》しで接しなさいよ。言葉もやわらかく、丁寧《ていねい》になさい」と母の顔は言っていました。

黙したまま良寛の、いや文孝の顔をじーっと見つめておりました。

父母が黙して語らなかった言葉、それは「いつでも帰っておいで」という切なる思いでございました。

良寛は心で受け止めました。

良寛はこの時のことを、後《のち》に、長い歌に詠み上げています。

題《だい》しらず
題知らず

うつせみは 常《つね》なきものと 村肝《むらぎも》の 心《こころ》に思ひて《もいて》
うつせみ（この世の中）は 無常であると （村肝の） 心に思って

家《いえ》を出《い》で 親族《うから》を離《はな》れ 浮雲《うきぐも》の 空《そら》のまにまに
家を出て 親族を離れて 浮雲が 空に漂うそのままに

行水《ゆくみず》の 行方《ゆくえ》も知《し》らず 草枕《くさまくら》 旅行《たびゆ》く時《とき》に
流れて行く水の ゆくえもわからないように （草枕） 旅行く時に

たらちねの 母《はは》に別《わか》れを 告《つ》げたれば
（たらちねの） 母に別れを 告げたなら

今《いま》は此世《このよ》の 名残《なごり》とや 思《おも》ひましけむ
今はこの世の 名残だと お思いになったのであろうか

涙《なみだ》ぐみ 手《て》に手《て》をとりて 我面《わがおも》を つくづくと見《み》し
（母は） 涙ぐみ 手に手を取って 我が顔を つくづくと見つめておられた

面影《おもかげ》は　猶《なお》目《め》の前《まえ》に　あるごとし
（母の）面影は　今でもなお目の前に　あるようである
父《ちち》にいとまを　請《こ》ひければ　父《ちち》が語《かた》らく
父にいとまを　請うたらば　父が語ったことには
世《よ》を捨《す》てし　捨《す》てがひなしと　世《よ》の人《ひと》に　言《い》はるな努《ゆめ》と
世を捨てた　その捨てた甲斐がなかったと　世間の人に　ゆめゆめ言われるでないぞと
言《い》ひしこと　今《いま》も聞《き》くごと　思《おも》ほえぬ
言われたことは　今も耳に聞くがごとくに　思われる
母《はは》が心《こころ》の　睦《むつ》まじき　其《その》睦《むつ》まじき　み心《こころ》を
母が心の　優しさよ　そのお優しき　御心を
はふらすまじと　思《おも》ひつぞ　常哀《つねあわ》れみの　心持《こころも》し
忘れてしまわないようにと　思いながら　常にあわれみの　心を持って
うき世《よ》の人《ひと》に　向《む》かひつれ
憂き世の人に　接しています

父《ち》が《ち》言葉《がことば》の《の》　いつくしき　このいつくしき　み言葉《みことば》を《を》

父の言葉の　厳かな　この厳かな　御言葉を

思《おも》ひ出《いい》でては《では》　束《つか》の間《のま》も《も》　法《のり》の教《のおし》へを《えを》　くたさじと

思い出しては　束の間も　法の教えを　衰えさせまいと

朝《あさ》な夕《なゆう》なに《なに》　戒《いまし》めつ《めつ》　これの二《これのふた》つを《つを》

朝に夕にいつも　戒めている　この二つを

父母《ちちはは》が《が》　形見《かたみ》となさむ《となさん》　我命《わがいのち》

父母の　形見としよう　この我が命

此世《このよ》の中《のなか》に《に》　あらむ限《あらんかぎ》りは《りは》

この世の中に　あらん限りは

良寛はかぶった網笠《あみかさ》で涙《なみだ》を隠《かく》しつつ、足を西へ向けたのでありました。

新弟子　良寛を加えた国仙和尚一行は、一歩ずつ一歩ずつ前に進み始めました。行脚の旅の始まりです。良寛にとって新しき白道なのです。

「秋の日は釣瓶落としというが、まことに日暮れが早い。これから冬に向け、どんどん日暮れは早くなってゆくことであろう。行脚の道は山にも入らねばならぬ、谷も通らねばならぬ。海岸を添うて行く日もある。とにかく歩く日々となる。良寛、共に参ろうぞ」

玉島は良寛にとっては故郷から数百里を隔てた、見知らぬ土地です。

備中、玉島へ。

風が、吹き始めていました。

5

沙門良寛《しゃもんりょうかん》

世間《せけん》とは、この世《よ》のことです。煩悩《ぼんのう》にみち、迷いにあふれる穢《けが》れたこの世。世間の人々、煩悩の中、迷いの中にいる人々、そういう人々を横目で見て、厭《いと》わしくなります。

しかし、己《おのれ》もまた、煩悩を抱え、迷うその一人《ひとり》であることを知るのです。煩悩、迷いの世間《せけん》から超出《ちょうしゅつ》することを出世《しゅっせ》すると言います。仏道《ぶつどう》に入ることも出世《しゅっせ》といいます。

良寛は真に出世したいと思い、国仙和尚に連れられて、備中　玉島　円通寺へ向かい、行脚の旅に出ることになりました。

安永八年（一七七九年）、九月下旬《げじゅん》に越後《えちご》を出立《しゅったつ》し、十月下旬に円通寺に到着します。一歩一歩の行脚《あんぎゃ》の道《みち》のりです。越後の秋に始まり、備中の冬に到達する旅でございました。

山や川を越え、一歩一歩、ただ、歩くのです。

秋の碧空《へきくう》に紅葉が色づき、風に揺れるに任《まか》せています。

その道中は、国仙和尚と兄弟子 大心と朝《あさ》に夕《ゆう》に常に一緒の日々でございます。

良寛は元々口数が多くありません。

そんな良寛に夕餉《ゆうげ》のあとになると、国仙和尚は、自分のことを話したり、大心のことを話したり、また、良寛の身の上のことなどを尋ねたりしました。

越後を出て、数日経った頃の夕餉のあとのことでございました。

「良寛や、そなたが光照寺の破了のところへ駆け込んだのは四年ほど前だったそうだな」

「はい。十八歳のことでございました」

良寛は、国仙和尚から、何故出家しようと思ったのかを問われるかと思い、その刹那《せつな》、キュッと身構えました。しかし、

「そなたは、名主の見習いをしておったときに、つらい場面を目にしたと聞いておる。目の前の人を救うことができなかった。そういう己《おのれ》のことも自分で救うことができなかった。名主という家柄のそなたであっても、実は何もできなかったのじゃな。その事実に耐《た》えられなくなったのではないか？　前々から破了はそこを一番心配しておった。良寛、そなたの出家の理由はいろいろとあろう。十八歳で自分で決めて仏門に入ったのだ。そなたの心が決めた出家であろう。

理由は一つではないはずじゃ。何があったか、わしは知らぬ。また知る必要もない。ただ、そなたが出家するかどうかを深く心に問うていたとき、それを機縁《きえん》として、大切なことに気が付いた。人を救うことができない事実、自分の心も救えない事実、これを己《おの》が心につきつけて、我が力のないのを知る、これはもっとも難しいことなのじゃ。苦しいことでもある。それをよく、真正面から受けとめた。一人で、さぞ、苦しかったであろう」

良寛は国仙和尚の言葉に泣き出しそうになりました。ここで泣くわけにはいかない、と良寛は思いました。涙を堪《こら》える兄弟子 大心の姿が目に入りました。大心にも同じく苦しい思いの日々があったのかもしれません。

しばらく静かな時が流れました。

外では紅葉が風にゆれる音がしていました。

ふっと、和《やわ》らぎ、国仙和尚は、良寛の顔を見ました。

「時に良寛、そなたは、出家してから、腹《はら》を抱《かか》えて笑ったことは増えたかな?」と問うたのです。

良寛は「えっ」と素《す》っ頓狂《とんきょう》な声を出してしまいました。

となりの兄弟子、大心はその声がおかしかったのか、からからと笑い出しました。国仙和尚もからからと笑い出しました。

「腹《はら》から笑えるようになるために、そなたは出家したのであろう?」

「笑う……ため、でございますか?」

「そう、笑うためじゃ。そうにきまっておる」

「いえ、私は……」と言いかけて、良寛は、口をつぐんでしまいました。『笑うために出家したのではないと、果たして言い切れるのだろうか』そう思ったからでした。『もしかすると、自分は、笑うために、出家したのかもしれない』と思い直し、膝に目を落としました。

「何にせよ、人が何かの道を志すというのは、腹から何の屈託《くったく》もなく笑い飛ばすためなのじゃよ。笑い続けるために一つの道を進み続けるのじゃ。怒ったり、不安になったり、やたら恐ろしくなったり、やたら人の心を傷付けたり、また、自分の心を傷付けたり、そんなことのために、わざわざ険しい道には入らんよ。笑うためなのじゃ。煩悩も迷いも笑い飛ばすためなのじゃ。それが出世じゃよ。

真の出世じゃ。わしはそう思う。良寛はそうは思わんか?」

「私もそう思います」と横から兄弟子 大心が答えました。

「大心には聞いてはおらんぞ」

「ちょっとは、わたくしにも聞いて下さいよ」

そう言い合って、また国仙和尚と大心は笑うのでありました。

良寛は、師匠と兄弟子が笑い合う姿を見て、どうしていいか分からなくなりました。

「泣きたいときには泣きなさい、良寛」

国仙和尚は、今度は「泣け」と言います。

「笑ったり、泣いたりしなさい。そうするうちに、人の心を取り戻すことができるであろう。良寛よ、今、おぬしは、人の心を失いかけておる。表情があまりにも乏《とぼ》しくなっておるのじゃ。大心を見よ。あんな風《ふう》じゃ。何も考えておらん。のぉ、大心」

「和尚様、それはあんまりでございますよ。この大心は、名の通り、大きい心なのです。大きな心の中は、経文であふれんばかりでございますよ。経文のことばかりを、いつもいつも考えておりまする」

「本当かのぉ」

と言い合い、またも呵々大笑《かかたいしょう》するのでありました。

この度の長い行脚に同行するということは、よほど国仙和尚の信頼が厚いからに相違ない。大心は、学問も坐禅も自分に厳しく行じている兄弟子なのだろう、と良寛は推察しました。

だからこそ、国仙和尚と呵々大笑できるのです。

「ところで、良寛は、最初にわしの顔を見たとき、なんだかとても驚いておったように思うが、わしの顔を一体、どんな風に思ったのじゃ？」

「はあ、お噂以上に素晴らしい和尚様のお顔つきでいらっしゃると……」

「それだけではあるまい。何故驚いたのじゃ？」

良寛はもじもじしてしまいました。

もっと難しいことを聞かれるかとばかり身構えていたのですが、尋ねられることが、ことごとく、良寛の用意にはないことばかりなのです。

「師匠、それは、良寛がかわいそうでございますよ。答えにくきことでございます」と大心がかばってくれます。

大心の言葉で、何故か良寛はなんとなく吹っ切れました。

「実は、国仙和尚様は、思ったより、その……、お耳が……」

「ん？　わしの耳が、どんな風《ふう》なのじゃ？」

「はぁ、思ったより、随分とお耳が、特に耳たぶが本当に大きくていらっしゃると思ったのです」

すぐに大心が反応します。「それは以前より私も、思うておりました。和尚様は大きやかな耳たぶでござりまする。耳たぶの上で盆踊《ぼんおど》りができそうなくらいですよ。こんな福耳《ふくみみ》はほかに見たことがない」大袈裟《おおげさ》に目を丸くして素《す》っ頓狂《とんきょう》に言う大心の言い方がおもしろく、ついに良寛も吹き出してしまったのでありました。

当《とう》の大心も笑い、国仙和尚も笑いました。

「わしの耳たぶでは盆踊りはできぬわ。大心はまたいい加減なことを。良寛まで吹き出したではないか。まあよい。……これで、三人とも笑うたから、虎渓三笑《こけいさんしょう》と相《あい》なった」と国仙和尚様は膝《ひざ》を打ったのでございました。

「一緒にいる者同士、笑い合わねば心が通わぬ、心が通い合わねば、本当の厳しい修行はできぬ。虎渓三笑《こけいさんしょう》、善哉《よきかな》、善哉《よきかな》」とおっしゃるのです。

虎渓三笑とは、『廬山記《ろざんき》』に載る中国の故事で、東晋《とうしん》の頃の話です。仏教の霊場として名高き廬山《ろざん》に学僧の慧遠《えおん》（三三四年〜四一六年）は白蓮社《びゃくれんしゃ》（念仏修行の結社）をつくり、住んでいました。慧遠は三十年の間、安居禁足《あんごきんそく》を自らに課しておりました。廬山を出ることがなく、また、虎渓《こけい》に架《か》かる石橋《いしばし》を出たことすらありませんでした。すなわち、虎渓を決して出ない、という誓いを立てていたのでした。

ある日、詩人の陶淵明《とうえんめい》（三六五年〜四二七年）と道士《どうし》の陸修静《りくしゅうせい》（四〇六年〜四七七年）が慧遠を尋ねてきました。清談《せいだん》尽きぬ中、陶淵明と陸修静は帰ろうとします。

慧遠は二人を見送りがてら外に出ました。そこまで送ろうと歩きながら、三人で話に夢中になっていました。

虎渓三笑

慧遠（仏教）・陶淵明（儒教）・陸修静（道教）の三人が、虎の声を聴き、
慧遠の安居禁足を破ってしまったことに気付いて笑った故事

そこへ虎が一声《いっせい》吠《ほ》えました。

それが為《ため》に虎渓を渡ってしまっていたことに気付き、思わず三人顔を見合わせ、呵々大笑してしまった、という伝説です。

慧遠は仏教、陶淵明は儒教、陸修静は道教を象徴しています。

慧遠
（東晋　中国浄土宗の始祖　白蓮社創始者）
（仏教の象徴）

陶淵明
（東晋～宋　詩人）
（儒教の象徴）

陸修静
（東晋～宋　道士）
（道教の象徴）

虎渓三笑

この話は良寛も知っていました。

しかし、国仙和尚がお話しになると、不思議と登場人物がほんとうに廬山で大笑しているように良寛には思われてきたのです。

「安居禁足の誓いを破り、虎渓を出てしまう、あの話じゃが、もし後日譚《ごじつたん》があるならば、慧遠は、あの誓いを思わず破ることになってしまった機縁《きえん》に感謝をしたのではないかとわしは思う。陶淵明と陸修静の二人を見送るために、気付かず石橋を渡ったのじゃ。三人で夢中になって話をする。しかも、禁を破ったとわかったとき、慧遠は怒りもせず、不安にもならなかった。大いに笑ったのじゃよ。なんという大きさであろう。わしにそんな度量がそなわるか、自信がない。いや、そんな大きな人物になりたくて、わしは一生を修行に明け暮れるのやもしれぬ。なんと、有り難いことか」

国仙和尚はそうおっしゃって、手を合わせておいでになります。大心も良寛もつられて手を合わせました。

少し改まって、国仙和尚は良寛の方を向き直りました。じっと良寛の目を見、

「先ほど、良寛はやっと腹から笑ったな。これで本当の修行に入ることができる」

良寛を見つめ、高らかに「良寛よ、このわしに、ついて参れ」と、改めて言葉を投げかけたのでありました。

国仙和尚は、普段は厳しい師匠でありますが、時に楽しく笑い合うことがあるのは、心に虎渓三笑があるからなのでした。

備中への旅は、その日の天気によって、また、体の具合によって、足を先に進めたり、とどまったりしました。

雨の日は、行脚はやめにして、宿《しゅく》す一室《いっしつ》にて、終日《ひねもす》、坐禅を組みます。はからずも安居禁足《あんごきんそく》になります。

坐禅の時の兄弟子 大心の表情はすーっと静かになり、禅の一心に集中していきます。しかも、それが自然なのです。一生懸命する、という姿ではなく、それが、さも当たり前のように、穏やかに坐禅を続けるのです。

良寛は、修行が長じると、自分もこのような禅を組むことができるであろうか、という期待と不安が混じり合うのでした。

暁《あかつき》に坐禅、お粥《かゆ》の朝食、朝食のあと坐禅。この後、普通であれば、作務《さむ》をしますが、旅の上でもあり、雨でもあるので、昼食まで国仙和尚のお話があるのが常でした。そうやって行脚の旅は続いておりました。

越後を出て半月ほど経ったころ。

雨が降ってしっとりとした日。

窓からは、一雨《ひとあめ》ごとにさらに色づく紅葉の葉が揺れているのが見えました。

その紅葉に雨の露がぽろぽろと打っておりました。

「美しいですね」と良寛は無意識につぶやいておりました。

「良寛よ、紅葉《もみじ》の雨に打たるる姿を美しいと思うのは、素晴らしいことじゃ。道元禅師も紅葉の歌を詠んでおられる」

国仙和尚は、微笑んで、一首の和歌を教えて下さいました。

白露《しらつゆ》の　己《おの》がすがたは　そのままに　紅葉《もみじ》に置《お》けば　紅《くれない》の玉《たま》

「これは、『傘松道詠《さんしょうどうえい》』に載る歌じゃが、白露の真の姿を詠っておられる。白露は透明で、色を持たぬ。青き処へいけば青き玉となる。黄色の処へいけば黄色の玉となる。何色にもなり得るのじゃ。そして、そこから離れれば、元の透明な白露に戻る。もし、紅葉《こうよう》する前の緑の葉に白露を置けば、この白露は緑の玉になっていたはずじゃ。たまたま紅葉《こうよう》していた葉に置いたので紅の玉になったのじゃ。そのままに……。そのままなのじゃ。紅葉《もみじ》の葉から紅の玉がこぼれようとすると き、この白露はきらりと輝くであろう。そして、離れれば、元の白露に戻る」

良寛は国仙和尚の説いて下さっている心がじわりと伝わって来ました。

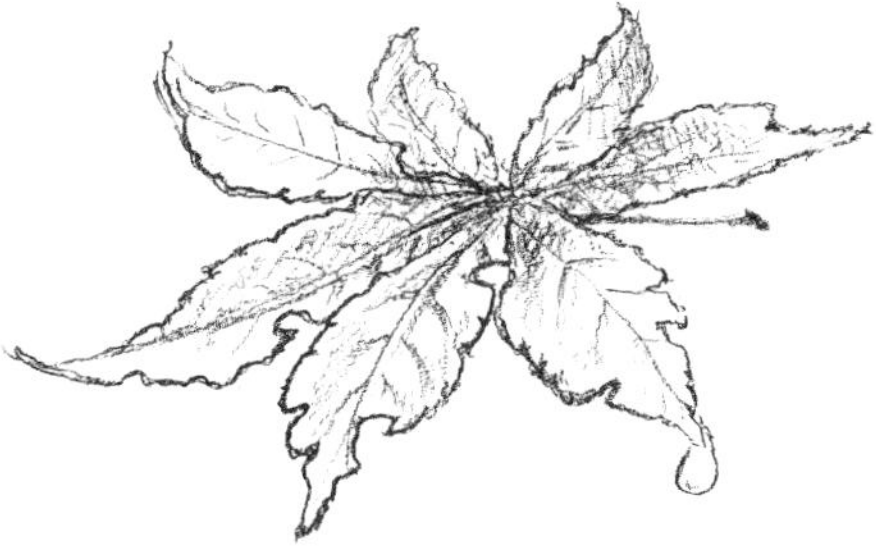

白露の　己が姿は　そのままに
紅葉に置けば　紅の玉

これから、自分は故郷を離れて、玉島円通寺へ行こうとしている。自分はそこで、父から受け継いだもの、母から受け継いだ大切な何かを失うのかもしれないと思っておりました。でも、その大切な本質は変わらないのだ、と国仙和尚はおっしゃっているのかもしれません。良寛は、このとき、ありのままに、そのままに、円通寺に身を任せることこそ大事なのだと気付いたのでありました。

雨が降りしきり、部屋の中は、しっとりとしています。

雨が降ると、翌朝は霧が立ちこめます。おそらく、明日の朝は、濃い霧がたなびくはずです。その明朝《みょうちょう》の山々の景色を、国仙和尚は心に観《み》ていたのでございましょう。

国仙和尚は、こんな話もして下さいました。

まだ年端も行かぬ幼きときに、国仙和尚は鬼全国《おにぜんこく》の異名を持つ、全国和尚《ぜんこくおしょう》のもとへ引き取られました。四歳の頃のことだったといいます。少年になり、青年になり、その時々で、国仙和尚は内にわだかまる心を持ちました。

幼い頃から仏門に入っているのに、いまだ、自分は何もなし得ていない。

それがつらくて、逃げ出したいと思ったことも一度や二度ではありませんでした。他の兄弟弟子と比べ、自分は劣っている、と感じていました。心ここにあらず、されど修行に励んでいた国仙和尚はある言葉に出会いました。

霧《きり》の中《なか》を行《ゆ》けば　覚《おぼ》えざるに　衣《ころも》　湿《しめ》る

『正法眼蔵随聞記《しょうぼうげんぞうずいもんき》』という書物に載る、道元禅師の言葉でございました。

一日《いちじつ》　示《じ》に云《いわ》く、　古人《こじん》云《いわ》く、　「霧《きり》の中《なか》を行《ゆ》けば、
ある日、（道元禅師が）示していわく、　昔の人が言うには、　「霧の中を行けば、
覚《おぼ》えざるに衣《ころも》湿《しめ》る」と。
覚えざるに衣しめる（知らないうちに衣服が湿っている）」と。
よき人《ひと》に近《ちか》づけば、　覚《おぼ》えざるに　よき人《ひと》となるなり。
良い人と一緒にいると、　知らないうちに　良い人となっているのである。
昔《むかし》、倶胝和尚《ぐていおしょう》に仕《つか》へし一人《いちにん》の童子《どうじ》の如《ごと》きは、
昔、（中国、唐代の禅師）倶胝和尚に仕えていた一人の童子などは、
いつ学《がく》し、　いつ修《しゅ》したりとも　見《み》えず、
一体いつ学び、　一体いつ修行したのかも　わからないけれど、
覚《おぼ》えざれども、　久参《くさん》に近《ちか》づいしに　悟道《ごどう》す。
知らないうちに、　久参（長い間修行した人）と一緒にいたので　悟道した。

〈『正法眼蔵随聞記《しょうぼうげんぞうずいもんき》』より〉

良寛は、はっ、としました。「霧の中を行けば　覚えざるに　衣　湿る」という言葉は、光照寺の破了和尚からも何度となく、聞いていた言葉だったのです。

郷里から少しずつ少しずつ離れている、この道中。良寛は郷里を忘れようと懸命になっておりました。今までのことは無駄であったのかもしれない。とにかく過去を捨てよう、と。しかし、故郷を忘れようとすればするほど、忘れることができない、執着の心をはっきりと、深く感じるようになっていました。

「自分は、故郷を、過去を捨てきれていないのか？」

と、ひそかに悩むようになっていたのです。

そういう今の良寛にとって、「霧の中を行けば　覚えざるに　衣　湿る」という言葉は、新たな輝きを持って出会う、新鮮な言葉となったのでした。

「出会っていたのに、出会っていなかった」のです。

「霧の中を行くとは、知らず知らずの内に何かを身に付けているということだったのか……。父との日々、母との日々。光照寺《こうしょうじ》での玄乗破了和尚《げんじょうはりょうおしょう》や万秀和尚との日々。今までの日々は無駄ではなかったのだ。いや、これまでのことがあってこそ、今があるのだ。無駄なものなど何もなかったのだ。自分は周りの人から大切なことを沢山教えてもらっていたのだ」

良寛はそのことにようやく気が付いたのでした。破了和尚《はりようおしよう》は、良寛が焦っていた時に、この言葉をつぶやき、そっと教えてくれていたのです。人との関係も、師弟の関係も「霧の中を行けば　覚えざるに　衣　湿る」がごとく、「習おう」とか「教えよう」とかせずとも、日々、一緒に過ごしておるだけで、自《おの》ずと、気付かぬ内《うち》に大切な何かが伝わっているということを。無意識のうちに受け取る何か。無意識のうちに授けている何か。それこそが大切なのだと。

「無意識であれ」と国仙和尚は良寛に説いているのでした。

「我も無意識であるがゆえに」と国仙和尚は良寛に伝えているのでありました。

翌朝は、やはり濃い霧になりました。その中を国仙和尚、大心、良寛は歩き始めました。

良寛は、霧の中を一歩一歩、歩きながら、衣が湿ってくるのを観じ、初めて国仙和尚の弟子になるということが、すとんと腹に落ちたのでした。

沙門良寛の誕生でございました。

6

円通寺《えんつうじ》の寒山拾得《かんざんじっとく》

四睡図

寒山　　　　　豊干　　　　虎　　拾得

音《ね》に泣《な》く鳥の声はお釈迦様の御声《みこえ》なのだと言います。

「鳥の声はいつ聞いてもよいのぉ」

と国仙和尚はしみじみとおっしゃいます。まだまだ行脚の途中です。

「こんなに天気が良いと、鳥も楽しいのであろうよ。まさに小春日和《こはるびより》よのぉ」

国仙和尚は、軽やかにおっしゃいます。

備中玉島円通寺への道のり。今日も行脚、明日も行脚の日々なのです。

今日はことのほか晴れました。夕餉のあと、いつものように兄弟子の大心と共に国仙和尚のお話を聞きました。その日宿《しゅく》した居室《きょしつ》の外の庭には池がありました。その水面《みなも》に皎々《こうこう》と丸い月が照っています。天空には風が吹き、雲一つない夜空です。「まさに、吾《わ》が心《こころ》　秋月《しゅうげつ》に似《に》たりじゃな」と国仙和尚は、つぶやきました。「自分の心はまるで秋の月のようじゃ。青い水をたたえた池の水底に白い丸い月が照っている。何かにたとえたいが、たとえることができない、その言葉もみつからないことよ、というあの寒山の詩を良寛は知っておるのであろうなぁ」とおっしゃり、微笑みました。良寛も穏やかに笑いました。

吾《わ》が心《こころ》　秋月《しゅうげつ》に　似《に》たり
わが心は　秋の月に　似ている。

碧潭《へきたん》　清《きよ》くして　皎潔《こうけつ》たり
青い水をたたえた淵は清く、その水底に白くきよらかに月の光が輝いている。

物《もの》の比倫《ひりん》に　堪《た》ふる無《な》し
それを何かにたとえようとしても比べることのできるものは何もない。

我《わ》れをして　如何《いかん》ぞ説《と》かしめん
わたしにも　どう説明してよいか、その言葉もない。

〈『寒山子詩集《かんざんししゅう》』〉

寒山拾得は中国の唐の時代にいたという二人の詩僧《しそう》です。

国仙和尚は寒山拾得の話をして下さいました。


その話はこのような伝説でした。

寒山拾得の伝説は『寒山子詩集《かんざんししししゅう》　序《じょ》』（閭丘《りょきゅう》　胤《いん》撰《せん》）に記されています。

寒山は天台山《てんだいさん》の国清寺《こくせいじ》近くの寒巌《かんがん》に隠棲《いんせい》していました。時折、そこから国清寺へやって来ると、行者《あんじゃ》として食堂係をつとめる拾得《じっとく》が、竹の筒を背負わせてやるのでした。その竹の筒には拾得が寒山のために残飯をためていたのです。

寒山は樺《かば》の皮の冠をかぶり、破れた衣服を身にまとい、木の下駄で歩いておりました。顔かたちは痩《や》せ衰《おとろ》えていました。

拾得は、国清寺の豊干《ぶかん》禅師が路傍《ろぼう》から拾《ひろ》い得《え》て寺に住まわせたところから拾得と名付けられたと言われています。

閭丘《りょきゅう》　胤《いん》という四十歳あまりの人がいました。

台州刺史《だいしゅうしし》（台州の知事）となって赴任する途中、胤《いん》は、頭が痛くなりました。中々治らないで困っているところへ、豊干《ぶかん》という名の一人の禅師がやって来ました。天台山の国清寺から来たと言うのです。

天台山といえば、胤がこれから赴任して行く台州にある山です。早く頭痛を治して、その地域に赴かねばならないのです。

頭の痛そうな胤《いん》の様子を見て、豊干《ぶかん》は笑って、言いました。

「人の身《からだ》は四大元素《よんだいげんそ》（地《ち》　水《すい》　火《か》　風《ふう》）による仮和合《けわごう》のものであるから、病《やまい》は幻《まぼろし》より生ず。これを除きたくば、浄水があればよい」と。

そこで豊干《ぶかん》禅師に浄水を渡しました。禅師はその水を口に含み、台州刺史《だいしゅうしし》の閭丘胤《りょきゅういん》の頭にぶーっと吹きかけたではありませんか。

周りの人々は慌てふためきました。

胤《いん》も驚きました。「何をするのだ」と怒りそうになりましたが、一瞬にして、あの頭痛が消えていたのです。

胤《いん》はお礼を言い、「実はこれから台州《だいしゅう》へ赴かねばなりません。台州には師と仰ぐに足る賢者がおられますでしょうか」と尋ねました。

豊干禅師はこう答えます。「その賢者（寒山と拾得）を見たところで、あなた様には、わかりますまい。わかったと思うと、その姿は見えますまい」と。

『寒山詩集』の序文に「之を見て識らず、之を識りて見ず」とあります。

見之不識、

之《これ》を見《み》て 識《し》らず。

寒山拾得に実際に遇ったとしても二人の真の姿は理解できない。

識之不見。

之《これ》を識《し》りて見《み》ず。

寒山拾得のことがわかったと思うと、二人の姿は見えなくなる。

〈『寒山子詩集《かんざんししゅう》 序《じょ》』より〉

「もしもその賢者（寒山と拾得）の姿を見たければ、その風貌《ふうぼう》によって見てはなりませぬ。あなた様が真の眼でごらんになると二人の姿を見ることができましょう」

豊干は胤に天台山の国清寺に寒山《かんざん》文殊《もんじゅ》と拾得《じっとく》普賢《ふげん》という二人の賢者がいると言い、立ち去りました。

寒山は文殊菩薩の生まれ変わり、拾得は普賢菩薩の生まれ変わりなのです。

さっそく胤《いん》は台州に赴任し、天台山の国清寺に登ります。

「ここに豊干禅師はおられますか」と尋ねると、寺の修行僧の一人が「豊干様は今、ここにはいませんが、豊干様のお部屋に虎が来ては吠えるのです」と答えました。豊干禅師の部屋を見ると、虎の足跡だけがあるのでした。

豊干禅師はいつも米を舂《つ》いていて大衆《だいしゅう》に供養《くよう》していました。つまり、寺の修行僧たちにご飯を施していたのです。修行僧たちはそのような話を胤にしました。

「私は豊干禅師に先日、頭痛を治していただいた者なのですが、その折に、寒山、拾得という方々が誠の賢者だと聞きました。そのお二方にお会いしたいのですが、寒山殿、拾得殿は今、このお寺におられるのでしょうか」と胤が尋ねると、「たいてい台所にいるでありましょう」とのことでしたので、台所へ行ってみるとしゃがんで、竈《かまど》の火に向かって大笑している二人がいます。これが寒山、拾得でありました。その二人の賢者を見て胤は丁寧に挨拶します。深々と頭を下げ、「私はこの度、台州刺史《だいしゅうしし》として赴任して参りました閭丘《りょきゅう》胤《いん》と申す者でございまして……」

寒山と拾得は同時にその声の主を見上げ、二人顔を見合わせて、すっくと立ち、大声で、

「うあー」「うあー」と一喝したのです。

寒山と拾得は手を取り合い、大声で笑いました。

閭丘《りょきゅう》　胤《いん》は何が何だかわけがわかりません。

突然のことでどうしたらよいかわからないのです。

台所にいる他の修行僧たちもこちらを見ています。

寒山と拾得は何やら意味のわからぬことを大声で叫び、二人一斉に走り去りました。

一目散《いちもくさん》に外へ走り出したのです。

去り際、「豊干《ぶかん》のおしゃべり！」と叫びました。

「阿弥陀仏もわからないのに何故《なぜ》我らに頭なんか下げるのだ！」とも。

それはあっという間の出来事でした。これも『寒山詩集』の序文にあります。

胤《いん》　便《すなわ》ち　拝礼《はいれい》す。
そこで閭丘胤は　丁寧に頭を下げた。
二人《ふたり》　連声《れんせい》し、　胤《いん》に喝《かつ》す。
寒山拾得の二人はつぎつぎに声を発し、胤に一喝した。
自相《じそう》　手《て》を把《と》りて、　呵呵大笑《かかたいしょう》す。
寒山と拾得は互いに手を取り、腹の底からからからと大声で笑った。
叫喚《きょうかん》し、　乃《すなわ》ち　云《い》う、
寒山と拾得は大声で叫びながら言った、
「豊干《ぶかん》　饒舌《じょうぜつ》、　饒舌《じょうぜつ》。
「豊干がしゃべったな、おしゃべり!
弥陀《みだ》をも識《し》らずして、　我《われ》に礼《れい》すは　何為《なんす》れぞ」　と。
この者は阿弥陀仏もわからないのに、我らに礼拝するとはどういうことだ」と。

〈『寒山子詩集《かんざんししししゅう》　序《じょ》』より〉

国仙和尚は言います。「寒山と拾得は鮮やかに閭丘胤らの前から姿を消した。それから二度と国清寺には戻ってこなかったという」

絵に描かれる寒山は巻物を手にし、拾得は箒を手にしています。

寒山は文殊菩薩の生まれ変わり、拾得は普賢菩薩の生まれ変わり。

豊干（唐代　禅僧　中国天台山　国清寺）（阿弥陀如来の化身）（虎を従える姿）	寒山（唐代　詩僧）（文殊菩薩の化身）（巻物を手に持つ姿）	拾得（唐代　僧）（普賢菩薩の化身）（箒を手に持つ姿）

国清三聖（国清三隠）

文殊菩薩は獅子に乗り、普賢菩薩は六牙《ろくげ》の白象《びゃくぞう》に乗っています。

釈迦如来の脇侍《わきじ》として左脇に文殊菩薩、右脇に普賢菩薩がひかえます。

文殊菩薩は智慧を司り、普賢菩薩は慈悲を司るのです。

「寒山は文殊菩薩の生まれ変わりじゃ。三人寄れば文殊の知恵という、あの文殊菩薩じゃな。文殊菩薩様はお釈迦様の入滅後にお生まれになった。実在の人物じゃ。菩薩の母ともいわれ、智慧を司っておられる。般若波羅蜜《はんにゃはらみつ》を説いたという。般若は智慧のことじゃな。般若波羅蜜は修行によって得られる最高の智慧のことじゃ。坐禅をしたり、経典を勉学したりして人々を救う力を得るのじゃ。摩訶般若波羅蜜多心経《まかはんにゃはらみったしんぎょう》（般若《はんにゃ》心経《しんぎょう》）の冒頭には行深般若波羅蜜多時《ぎょうじんはんにゃーはーらーみーたーじー》とあるな。般若波羅蜜多を深く行っていたとき、という意味じゃ。般若波羅蜜多、すなわち、真実の智慧の完成を目指し、坐禅に学問に励んでおったということじゃ」

国仙和尚のお言葉は瑞々《みずみず》しいと良寛は思いました。

寒山（巻物を持っている）
文殊菩薩の化身

拾得（箒を持っている）
普賢菩薩の化身

「拾得は普賢菩薩の化身じゃ。常に手を合わせておられる。慈悲深い菩薩様じゃ。純白の象に乗っておられる。その白象がお釈迦様のお母様の右の脇から体内に入り、お釈迦様がお生まれになった。普賢菩薩様は母のような慈愛に満ちた存在なのじゃ。寿命を延ばしてくださる力もお持ちじゃ。わしは、小さいときから寺へおるが、この普賢菩薩様のことがどうにもわからなかった。どういう存在なのかと長年理解できなかったのじゃ。それが、あるとき、ぽんっとわかったのじゃ。拾得のおかげでな。拾得はいつも箒を持って掃いておる。掃除をしておるのじゃ。塵や埃を払うということは、煩悩、迷いを払うということでもある。心を清らかにするために、いつも箒を持っておられるのじゃ。塵や埃は毎日毎日、どこにでも溜まる。毎日毎日、箒で掃く。拾得は、台所も担っておった。皆の食べる食事を作り、片付け、また用意をする。毎日毎日、皆は腹が減る。毎日毎日、食事を作り続けるのじゃ。それは、真の修行に他ならない。その日々を重ねるうちに、慈悲が生まれ、皆を安心《あんじん》に向かわせる。人の心をあたたかく救うのじゃ。もし、拾得を識らなければ、いまだに普賢菩薩様のお姿は腹に落ちなかったであろうよ」

国仙和尚の寒山拾得の話は続きます。

「拾得の師匠は豊干じゃ。豊干は、虎に乗ってやって来る。弥陀の化身なのじゃ。阿弥陀様じゃな。二睡図《にすいず》といえば、豊干が虎に寄りかかってすやすや寝ている図じゃ。四睡図になるとそれに寒山、拾得が加わる。みなですやすや寝ているのじゃ。それこそが禅の境地といわれる。わしにはまだまだじゃ。ま、もっとも虎に出遭うたこともないから、試したくても試せんがな」

良寛は国仙和尚のお話が楽しくてなりません。今まで、文字で知っていたことがどんどん腹に落ちてくるのです。

兄弟子の大心が和尚様に尋ねました。「天台山の国清寺というのは」

「ん。よく気が付いたな。そう、あの国清寺じゃ。最澄や栄西禅師も修行したという。修行中、虎の声を聞いたのであろうかな?」

国仙和尚は楽しそうにお話し下さるのでした。国仙和尚は寒山の詩に何度も救われたのだとおっしゃいます。

豊干禅師は虎を従えている
（豊干は寒山拾得の師匠）

「白雲　幽石を抱く、というあの有名な詩も寒山の詩でな。ちょっと長い漢詩の中の一句じゃ」と国仙和尚は嬉しそうにお話を続けられます。

重巌に《ちょうがんに》　我れ《われ》　卜居す《ぼくきょす》。　鳥道《ちょうどう》　人跡を《じんせきを》　絶す《ぜっす》。
巌が重なる山に　私は居を定めた。　鳥だけが飛べるような細い道は、　人の足跡もない。

庭際《ていさい》　何の有る所ぞ《なんのあるところぞ》、　白雲幽石を抱く《はくうんゆうせきをいだく》。
庭に何があるだろう、　白雲が苔むした岩を包み込んでいる。

茲に住して《ここにじゅうして》　凡そ《およそ》　幾年ぞ《いくとしぞ》。
ここに住み、　およそ　何年経つのであろうか。

屡しば《しばしば》　春冬の《しゅんとうの》　易るを見る《かわるをみる》。
幾度、　春から冬へと季節が移り行くのを見たことか。

語を《ことばを》　寄す《よす》　鐘鼎の家《しょうていのいえ》、
一言申し上げるならば、　身分の高い富貴な家で暮す人々の世は、

虚名《きょめい》　定らず《かならず》　何の益かあらん《なんのえきかあらん》
うわべだけの名声はきっと　何の役にも立たないのだ。

〈『寒山子詩集《かんざんししししゅう》』より〉

「白雲　幽石を抱く、という様子はなんとも雄大ではないか」

「玉島の円通寺もそのようなところでございますか?」と良寛は聞きました。

「そうじゃな、そのような日もある。白雲に抱かれているような気がする時は、『白雲　幽石を抱く』と口に出しておる。また、露が葉に置かれ、よき松風《しょうふう》が吹く日もある。そんな日には、『露《つゆ》に泣《な》く　千般《せんぱん》の草《くさ》、風《かぜ》に吟《ぎん》ず　一様《いちよう》の松《まつ》』とそらんじておる。思えば、これも寒山詩じゃ」

「和尚様、きれいな漢詩でございますね」

「良寛もそう思うか。この漢詩を知ればこそ、その白雲、その露、その松風を感じた時、口をついて出てくる。寒山も観た白雲や、草に置く露や、松風なのだと思うのじゃ。同じものが目の前にあり、同じものを観ている。時を越え、場所を悠々と越えているのじゃ。大切なものは、いつも目の前にある。それに気付かせてくれる漢詩じゃ。少し長いが……」とおっしゃいながら『露《つゆ》に泣《な》く　千般《せんぱん》の草《くさ》、風《かぜ》に吟《ぎん》ず　一様《いちよう》の松《まつ》』が詠み込まれた漢詩を唱えて下さいました。

笑《わら》う可《べ》し　寒山《かんざん》の道《みち》、　しかも車馬《しゃば》の蹤《あと》　無《な》し。
笑うべし　寒山の道、　しかも騒がしい車馬の通ったあとも無い。

聯谿《れんけい》　曲《きょく》を　記《しる》し難《がた》く、
連なり続く谷、くねくね曲がったのを覚えていない、

畳嶂《じょうしょう》　重《ちょう》を　知《し》らず。
重なり合った険しい峰はどれほど重なっているのかわからない。

露《つゆ》に泣《な》く　千般《せんぱん》の草《くさ》、　風《かぜ》に吟《ぎん》ず　一様《いちよう》の松《まつ》。
露に潤う　種々の草、　風に吟じる　一様の松。

此《こ》の時《とき》　径《みち》に迷《まよ》う処《ところ》、
この時、　道に迷うところで、

形《けい》は影《かげ》に問《と》う、　「何《いず》れ従《よ》りかせん」　と。
形（私）は、自分の影に問う、　「どこから来たのだろうか」と。

〈『寒山子詩集《かんざんししゅう》』　より〉

国仙和尚は寒山詩の話になると止まりません。
「いつもわしの心に在る寒山詩があってな、それは「一《ひと》たび　寒山《かんざん》に住《じゅう》して万事休《ばんじきゅう》す」で始まり、「任運《にんぬん》なること　還《ま》た　繋《つな》がざる舟《ふね》に同《おな》じ」で結ばれておる。それはな……」と、
また唱え始めました。

一《ひと》たび　寒山《かんざん》に　住《じゅう》して　万事《ばんじ》　休《きゅう》す
ひとたび寒山に住みだしてからは、全てやめて、大安心である。

更《さら》に　雑念《ざつねん》の　心頭《しんとう》に　掛《かか》ること無《な》し
さらに雑念が心にひっかかることもない

閑《しず》かに石壁《せきへき》に　詩句《しいく》を題《だい》し
心閑かに石壁に、詩句を書き付け、

任運《にんぬん》なること　還《また》　繋《つな》がざる舟《ふね》に同《おな》じ
あるがままにまかせるこの境地は、つながれていない舟のようである。

〈『寒山子詩集《かんざんししい しゅう》』より〉

「任運《にんぬん》なること　還《ま》た　繋《つな》がざる舟《ふね》に同《おな》じ」という結句を何度も繰り返しておられます。
「任運」という言葉を国仙和尚はいつも心に掛けておられるのです。
運を天に任せる。
任せるのです。とにかく、任せるのです。

水の流れる方へ、漂えば良い。

風の向くままに彷徨えばよい。

心が迷うならば、迷えばよい。

煩悩が沸き起こるならば、煩悩を沸き起こらせればよい。

ただ、任せればよいのだと、国仙和尚は閑かにおっしゃるのです。


良寛は国仙和尚のお話し下さる寒山の詩を聞きながら、まことに円通寺もそういう山なのであろう、と思い始めました。


「円通寺のある山は何という名の山でございましょうか?」

思えば良寛は円通寺のある山の名を知りませんでした。

「円通寺は白華山という名の山にある」

「白華山……」

「さよう。行基菩薩様があがられた山でな」

「行基菩薩様が?」

「そうなのじゃ。行基菩薩様がある日、夢に見た景色があったそうじゃ。すぐにそこに行かねばならぬとお思いになられ、すぐに西に向かったそうじゃ」

「西に……」

「そうしたら、湾曲した浦に出た。夢に見たのはここじゃと直観された。それが玉の浦と呼ばれたとこでな、今の玉島じゃ。小舟で島を目指した。何となくここではないかと思う島に小舟をつけ、島の山にあがられた。そうすると、その山頂に円盤のような石を見付けられた。夜空には星が瞬いていたそうじゃ。夜明けにその石が輝くのを御覧になられ、観世音菩薩様が降りてこられる白華石なのだと観じられた。星の綺麗な浦におわす観音様として星浦観世音菩薩様をお作りになられ、この玉の浦をお護り下さる観音様となった。しかし、長い時を経て、星浦観世音菩薩様は大切にされなくなっていってしまった。水害や疫病が起こる度に玉の浦の人々は困った。いつしか星浦観世音菩薩様のたたりではないかと言われるようになってな。それで、大切にご本尊としてお護りするために寺が作られた。それが、円通寺じゃ。その開創が良高和尚じゃ。私の師匠の師匠にあたる。代々星浦観世音菩薩様を、白華石を大切にしてきた。白華石を山頂にいただく円通寺は風光明媚じゃ。

まるで、寒山詩のようでな」

白雲が幽石を抱くような山。

露《つゆ》に泣《な》く　千般《せんばん》の草《くさ》があり、風《かぜ》に吟《ぎん》ず　一様《いちよう》の松《まつ》の音が聞こえてくる山。

一たび円通寺に住して、任運の境地を求める、そんな場である山。良寛は、池に映《うつ》る望月《もちづき》を見て、白華山の円通寺に心を馳《は》せるのでした。


そんな良寛に国仙和尚は尋ねました。

「ところで良寛は、二十二歳であったな」

「はい」

「生まれは、宝暦《ほうれき》八年、戊寅《つちのえとら》歳じゃな」

「さようでございます」

「ほぉ、それは奇遇じゃな。円通寺の境内に青銅《せいどう》の地蔵菩薩《じぞうぼさつ》座像《ざぞう》があるのじゃが、出来たのが宝暦八年、そなたと同い年じゃ」

「さようでございますか、私が生まれたのと同じ年に」

「不思議なご縁よのぉ。あと十数日もすれば円通寺に着く。その地蔵菩薩座像にも会うことができる。地蔵菩薩様も良寛に会うことができる。地蔵菩薩様は喜ばれるじゃろうて。この青銅露座地蔵《せいどうろざじぞう》様には言い伝えがあってな。宝暦十年のある夜のこと、小坊さんが和尚様に、青銅露座地蔵《せいどうろざじぞう》様が真っ赤になっておられると申し上げたそうな。和尚様はその小坊さんに水をかけるようにおっしゃったので、何度も水をかけ、ようやく元のようになったという。後日、「江戸の大火を円通寺の定紋入りの高張提灯を掲げ、消して下さいまして、ありがとうございました」とはるばる江戸からお礼に来られ、皆驚いたということじゃ。それ以来、この青銅露座地蔵《せいどうろざじぞう》様は「火消地蔵《ひけしじぞう》」とも呼ばれるようになり、火伏《ひぶ》せの霊験あらたかなお地蔵様として有名になったという」

「境内のどちらにおわすのですか?」

「そうじゃな。ふもとから歩いて登ってくると、境内《けいだい》に入るための階段があってな、そこを更にあがると、池がある。鶴亀池と言うてな。いつもその鶴亀池を見下ろしてござるのじゃ。行けば良寛にはすぐにわかるであろう」

良寛は早く円通寺に行きたいと嬉しくなってきたのでありました。

それから半月ほどが経った十月下旬、国仙和尚一行は、とうとう円通寺に着きました。良寛、初めての備中です。冬の備中です。越後の冬とはまるで違う、備中 玉島の冬なのです。国仙和尚、兄弟子の大心、新弟子の良寛は玉島の町を歩いて通ります。麓から白華山にあがって行きます。

「これは汐見門《しおみもん》じゃ」と、兄弟子の大心は良寛に言いました。

木で出来た門です。

「この門をくぐる前に振り返ると、玉の浦の汐が見える、というところから名付けられた門じゃ。この汐見門をくぐると円通寺の境内じゃ」

そう言われて振り返ると、まことにきらきらと輝く汐が見えました。

汐見門

この汐見門をくぐると、そこは円通寺の境内です。境なのです。

良寛は一瞬、足を止めました。

自分は今、この寺に入ろうとしている。

故郷から幾日もかけて、行脚を続けてきた。

早く、円通寺に入りたいと願っていたはずだったが、いざ、目の前にその門があると知ると、足がすくむのでありました。

『国仙和尚にすべてを任せるのだ』

良寛は『えいっ』と心で叫び、汐見門をくぐったのです。

良寛の鼓動は早くなりました。

一歩、くぐってしまったのです。白道へ、一歩を踏み出したのです。

もう、後へ戻ることはなりません。

真の意味で、仏門に入った瞬間でありました。

国仙和尚と大心はそんな良寛の心に構わず、たんたんと歩を進めています。

良寛は小走りで後をついて行きました。

汐見門を入り、少し歩くと、ほどなくして階段が見えました。

ここを登ると、鶴亀池があるというのです。

良寛にも池が見えてきました。

「あっ」と良寛は小声で叫びました。

「ん？」と国仙和尚も大心も振り返ります。

「あそこにおわすのは私と同い年の、地蔵菩薩様ですね？」

良寛は、青銅の地蔵菩薩座像を見上げ、手を合わせました。

旅の途中での国仙和尚のお話を覚えていたのです。

「おぉ。そうであった。そなたと同い年であったなぁ。良寛は地蔵菩薩様にお会いできた。地蔵菩薩様も良寛に会えた。嬉しいことじゃ」

その鶴亀池の横に少し階段があります。

そこを行くともう本堂です。

国仙和尚は階段を上り、二、三歩ゆくと立ち止まりました。

「良寛、本堂へ参る前に、ここで立ち止まり、辺りを見回してみよ」

良寛は呼吸をととのえながら、立ち止まりました。

辺りを見回してみます。

「あっ」とふたたび声をあげました。

振り返るとお薬師様がおられたのです。

左手の薬壺に蓋がついています。

薬師如来座像の向こうには杉の木があります。

もし国仙和尚から周りを見回してみよと言われなければ、良寛はお薬師様に気付きませんでした。

手をあわせ、「オン　コロコロ　センダリ　マトウギ　ソワカー」と小さく唱えたのでした。

境内には衆寮《しゅりょう》があって、そのそばでは紅葉《もみじ》の葉が深い紅《くれない》の色に染まっていました。

円通寺境内の薬師瑠璃光如来像
（東方　浄瑠璃世界）

青銅露座地蔵菩薩坐像
良寛の生まれた年と同じ年に作られました
（円通寺境内　鶴亀池）

紅葉の葉は、やわらかい玉島の風にゆらゆら揺れていました。梅の木や桜の木もあります。まだ花は咲いていません。これから冬が深まるのです。春に向けて蕾を準備しています。

苔むす、しっとりとした境内です。

ここは、空気がおだやかなのでした。

円通寺から、ふもとを見る景色は豊かなものでした。家が沢山有ります。

港があります。この港には、千石船《せんごくぶね》（北前船《きたまえぶね》）が入るのだと聞きました。弁財船《べざいせん》とも呼ばれます。

良寛は、「あぁ」と思いました。その船は、母の里の佐渡が島にも、自分の故郷の出雲崎にも寄港します。

ここは、船で故郷につながっていたのだ、と良寛は改めて思いました。

それにしても、瀬戸内の波は平らかだと良寛は思いました。穏やかで、閑かで。その水面《みなも》を見ているだけで、良寛は不思議と心が平らかになってゆくのでした。水の流れを感じさせません。その波はここにずっととどまっているかのようです。

「瀬戸内は穏やかですね」と良寛が大心に言いますと、大心は意外なことを良寛に教えました。

「そう見えるかもしれんな。我《われ》も良寛と同じ越後の者ゆえ、最初は、表面には荒波のひとつもない、何もない海だと思っておった。我らはあの荒波を知っておる。良寛の故郷、出《いず》雲崎《もざき》では『荒海《あらうみ》や　佐渡《さど》に横《よこ》たふ《とう》　天の川《あまのがわ》』と、かの芭蕉翁《ばしょうおう》に詠ませたほどの荒海じゃ。越後では自然の厳しさに触れて生きていた。だから、越後の者は謙虚で、慈悲深く、芯も強いと知っておる。それに比べて、この瀬戸内はあまりにも穏やかじゃ。軟弱にさえ思えた。じゃから、ここに暮らす人々も自然の厳しさを知らぬのではないか、芯の強くない人々なのではないか、慈悲深さもないのではないか、などと思っておった」そう言って大心は遠く玉島の浦を眺めます。

「ここで暮らし、毎日この浦を眺めているとわかってくることじゃが、この瀬戸内海は、穏やかに見えるのは表面だけじゃ。その実、その水面下では潮の流れが強い。そして複雑なのじゃ。あれだけ強い流れがぶつかりあっているのに、表面ではそれがわからぬ。ここの人々もそうなのじゃ。表面では穏やかに見えるが、つらいこと、悲しいことを一人ひとりがかかえておって、それを口には出さぬ。だから、何もないのかと思うが、そうではない。心の中で複雑に波がぶつかり合い、渦を巻いておる。それをぐっと肚におさめるのじゃな。顔で笑って、心で泣いて……。決して人には見せぬ涙がある。じゃから、芯が強い。親しくなれば、情もあり、あたたかい人柄なのだとわかってくる。あとからその慈悲深さに気付くのじゃ。まさにそういうところじゃ、この玉島は」

良寛はあらためて玉島の浦を見渡しました。陽《ひ》の光にきらきらしています。じっと目を凝らすと、そのきらきらしている様《さま》は、今まで見たことがない輝きでした。一つひとつの輝きが小さいのです。波がこまやかなのです。平面に見える瀬戸内の波は、一つひとつ陽の光を受けているのです。それが、穏やかな輝きとして良寛の心を平らかにしてくれるのでした。その内在するものが複雑であるからこそ、瀬戸内の水面《みなも》は動いていないかのように見え、そこにどっとかまえて存在しているのです。

良寛は、毎日この渚を見たいと強く思いました。ここで暮らし、ここで真の修行をしたい、と。

ここは風がやわらかで心地よい。湿気がどことなく違う。
良寛は、遙々《はるばる》、本当に遠くから旅をして来たのだと、しみじみ感じていました。

良寛の円通寺での修行が始まるのです。
その日、夜空を見上げました。
月はありません。
星が瞬《またた》いておりました。
故郷で見上げた星空と同じ空です。
でもわずかに雰囲気の違う空です。
この違いは言葉では表せません。
何が違うのだろう。どこが違うのだろう。
しかし、何かが違うのです。
閑かな星の輝きを、良寛はしばし見上げておりました。

かつて玉の浦と呼ばれていた港町。

ここ備中玉島円通寺のご本尊は、行基菩薩がお作りになったという星浦観世音菩薩。

星浦観音様……。

何卒《なにとぞ》、お守り下さい、星浦観音様。

良寛は、円通寺の星空を見上げ、願うのでした。


国仙和尚の下での修行は、厳しいものでございました。

毎日、毎日、修行は続きます。

坐禅を組み、作務をこなし、経典の勉学に励みました。特に、漢文や漢詩（偈頌）は、他の兄弟子達をぐんぐん追い越すような勢いで一生懸命に取り組みました。漢字の並ぶ経典の文字を見るだけで、良寛はわくわくしていたのです。

冬を越え、春が来ました。

秋の霧は、春には霞と呼ばれます。ある朝、良寛は霞がかかっているのに気が付きました。春霞、なんとおおらかな響きであろうか。玉島の春は早く来るのだな、と良寛は思いました。

円通寺のある白華山には大きな岩が沢山あります。その岩に霞がゆっくりと掛かっているのです。木々も白い霞の間に葉を揺らしています。春霞のたなびく景色を見ている良寛に、国仙和尚は声を掛けました。

「良寛よ、まさに『白雲《はくうん》　幽石《ゆうせき》を抱《いだ》く』じゃな」

良寛ははっとしました。備中への行脚の旅の途中で、何度も国仙和尚が唱えておられた寒山詩だったのでした。それを円通寺の雄大な景色の中で耳にし、何故、漢詩というものが在るのか、良寛はわかったような気がしました。

「名句を識ったればこそ、また、唱えればこそ、今まさに逢うこの雄大な景色が心に宿る。心に強く残るのじゃ。言葉は人の心を救う。わしはそれを信じておるのじゃよ。だから、その時に逢えば、その時の寒山詩を口ずさんでおる。わし自身の心を救っておる。良寛も多くの名句を知っておるであろう。それは、その景色に逢った時に口ずさんでこそ、漢詩は漢詩となり、景色は景色となる。詠まれた昔から、この雄大な景色が変わってはおらぬことを、我々は識《し》るのじゃ。名句はそれを語っておる。その語りに耳を傾けることができたなら、我々はいつでも、ゆったりとした心になれるのじゃ。今も昔も変わらぬ、何も心配はない、大安心《だいあんじん》じゃ、とな」

国仙和尚はそれ故に、寒山詩をいつも心に持ち、その景色に逢った時にはその漢詩を口ずさみ、自《みずか》らを救っておられた。良寛は、漢詩が何故、素晴らしいのか、名句が名句たり得《う》るのかを肌の感覚で初めて、識ったのでした。これも「霧《きり》の中《なか》を行《ゆ》けば　覚《おぼ》えざるに　衣《ころも》湿《しめ》る」なのでした。

円通寺では春になると、梅の蕾がほころび始め、竹林の方からは鶯の声が聞こえてきます。

雉子もケンケーンと鳴きます。雉子は時折、サーッとあちらの丘からこちらの丘へと真っ直ぐ飛びました。

ピー、ヒョロローととんびがくるりと輪を描いて飛んで行くのもみえます。

青い空に穏やかな瀬戸内の碧《あお》き水面《みなも》、やわらかな風の中で感じる玉島の春なのでした。

黄雀という黄色いくちばしの雛雀、ふくら雀を見かけることもありました。

良寛は心が平らかになってゆくのがわかりました。

白華山からは天気の良い海霧《うみぎり》のない日には遙か彼方に讃岐富士が見えることがありました。

古《いにしえ》、「讃岐《さぬき》には　これをや富士《ふじ》と　飯野山《いいのやま》　朝餉《あさげ》の煙《けむり》　たたぬ日《ひ》もなし」と西行法師が詠んだ名山です。ここから讃岐富士が見える日は空気が澄んでいる証《あかし》なのです。

白華山の麓におりると、西の方には遙照山《ようしょうざん》が見えます。「遙照に雨雲がかかるのが見えると、こちらもじきに雨が降る」と言われ、しばらくして雨雲がこちらの空にも広がると、本当にザーッと雨が降り始めます。良寛は地元の人の言葉に耳を傾けるのでした。

玉島の道々には菫《すみれ》、蒲公英《たんぽぽ》、蓮華《れんげ》が咲くのが見えます。

越後でも目にしていた野の花に、良寛はふっとゆるやかになるのでした。

春風から薫風へ、藤の花から桐の花へと淡い紫色が変わり、夏になりました。玉島の町を托鉢で歩いているとき、良寛は緑濃き中に白く可憐に咲く花を見付けました。何だろうと思っておりましたが、橙《だいだい》の花らしいのでした。良い香りがしていました。

初夏の陽射しの中、燕がしきりに飛び交い、家々の軒の巣へ帰って行きます。良寛は時々、鳥がうらやましくなることがありました。

その頃、円通寺境内には皐月《さつき》の花や半夏生《はんげしょう》、沙羅双樹《さらそうじゅ》（夏椿《なつつばき》）の花などが咲き始めます。

衆寮《しゅりょう》で書物を開いていると、キョッキョ、キョキョキョキョキョという時鳥《ほととぎす》の声が耳元で聞こえるのでした。夜の時鳥の声もどちらも良寛は近くに聞こえ、書物をめくる手も軽やかなのでした。

ふっと、外を見ると、薊《あざみ》が静かに咲いているのでした。

雨の日の衆寮での時間も良寛は好きでした。茅葺《かやぶ》き屋根に打つ雨の音がさらさらと心地良いのです。窓から木や草が雨に洗われるのを見ると自分の心も洗われるような気がするのです。

梅雨の晴れ間、円通寺近くの道でひょっ

あざみの花

こり小さな蟹《かに》が石垣から出てくることもありました。急な坂道でも横行自在《おうこうじざい》なのでした。

梅雨明《つゆあ》けを知《し》らせるかのような蝉《せみ》の初鳴《はつな》きを聞くと暑さが変わってきます。みんみん蝉《ぜみ》や油蝉《あぶらぜみ》、熊蝉《くまぜみ》（シャーシャー蝉《ぜみ》）、つくつく法師《ぼうし》などの声が聞こえてきます。つくつく法師は「つくつく法師《ぼおーつし》　つくつく法師《ぼおーつし》　味噌《みーそー》すったか　味噌《みーそー》　すったか　じー」と鳴くので良寛はときどきクスクスと笑いました。

鳴かぬ蝉を見かけることもありました。木の葉の陰で透明な羽の蝉がじーっと止まったままなのです。良寛は自分の姿を重ね合わせ、その場で立ち尽くすのでした。その蝉と良寛は周りの蝉の鳴き声の中、共に押し黙ったまま、誰にも気付かれず、ただ時が過ぎるのです。

蝉時雨《せみしぐれ》の向《む》こうには入道雲《にゅうどうぐも》があるのでした。

やがて、円通寺の池には蓮《はす》や睡蓮《すいれん》の花が咲き始め、時折、蜻蛉《とんぼ》が止まっていきます。本堂の前の日蔭には白い百合がゆったりとした夏の風に揺れているのでした。

夏が深まると、玉島は特にこの辺りはうだるような暑さになる、と有名でした。

いつぞや大心が、

「良寛、玉島港の潮の満ち引き《しおのみひ》を見て、さぞ驚くことがあったであろう」と話しかけてきたことがありました。良寛はそれまでそのことに気付きませんでした。

「満ち潮のときと、引き潮のときとでは水の高さがまるでちがう。引き潮のことをこの辺りでは干底《ひぞこ》というらしいが、本当にそういう感じがするのだ。良寛の故郷 出雲崎では、こんな景色は見たことがなかったはずじゃ。しかも風が違う。夏はとくにな。玉島のこの辺りでは凪《なぎ》というて、満ち潮のときと干底のときにピタリと風が止《や》む。そのときはどこにいても暑い。そのかわり、それ以外は南から涼しい風が吹いてくる」

大心の言葉で「暑くて耐えられそうもない、と思ったのは満ち潮か干底だったのか」と良寛は合点《がてん》がいきました。暑くて暑くて耐えられそうもない、と辛抱していると颯《さっ》と涼風が吹いてくるのでした。この暑さの後の涼やかな風が救いなのでございました。

汗が滴る蒸し暑い日。一瞬、冷たい風がすーっと横切ったとき、

「良寛、もうじき、雷が鳴るぞ」と大心が言うのです。大心も良寛も外で作務の途中でした。

驚いたのは良寛でした。その目を見開いた良寛の表情は大心には想像通り。

「さぞ驚くであろう、良寛」と大心は少し、得意顔なのです。

「こんな夏の暑い時に、雷が鳴るとはな」

濃い墨の色をした分厚い雲がいつの間にか頭の上に迫ってきていたのでした。

「玉島では、夏にこそ、雷が鳴るのだ」

良寛は「えぇっ」と身をそらして驚きました。

無理もありません。越後では夏に雷が鳴ることこそ、稀《まれ》なのです。

「良寛は気付かなかったかもしれぬが、ここでは冬には雷が鳴らないのだ」

「あっ、そういえば……」

良寛はここ玉島で冬を越したはずでしたが、雷が鳴らなかったのに気付きませんでした。

ここでの暮らしに慣れようと毎日が懸命だったのです。

越後では暑い夏に雷が鳴ることはほとんど無く、冬に雷が鳴ります。

雪降《ゆきふ》らしの雷、雪下《ゆきお》ろしの雷と言われ、雷が鳴ると雪が降るのです。

越後では雷は雪の前触《まえぶ》れなのです。そして、厳しい冬の到来を告げるのです。

越後と玉島ではこんなにも違うものなのかと、良寛は空を見上げました。大心の言うとおり、稲妻が走り、雷がゴロゴローッと鳴りました。「良寛、一雨《ひとあめ》くるぞ」と、大心は走り出しました。良寛も慌てて後を追いました。

暫《しばら》くしてザーッと雨が降り出しました。向こうが白く見えるほど、激しく降りました。

ここ玉島では、雷は雨の前触れなのです。

「最初、おれもこれには驚いてな」と大心は良寛の驚く表情を見て懐かしそうに言うのでした。

「この辺りでは雷は鳴《な》る神《かみ》とも言って、農作物を実らせて下さる神様なのだ。だから夏中、神鳴様《かみなりさま》がおわすという。夏が終われば、神鳴様も去って行かれ、実りの秋になるのだ」

玉島では、雷によって夏の訪れを知り、雷によって夏の終わりを知るというのです。

夏の終わりを告げる雷の音を聞き、やがて秋になりました。玉島の町を行くと、雀が群れをなして飛んでいます。福を運んでくるというふくら雀。千羽雀だな、と良寛は羽音を楽しみながら聞いていました。

足元に目をやると、草むらから松虫《まつむし》や鈴虫《すずむし》、蟋蟀《こおろぎ》の声が響いているのでした。

あまり雨の降らない玉島ですが、時折ザーッと雨が降りました。秋の時雨です。その度に円通寺境内の紅葉が紅を深くしていきました。葉が揺れています。円通寺へ初めて来た日も紅葉が揺れていたのを思い出していました。

ある日の朝、風が吹き、松風《しょうふう》が聴こえてきました。

秋の朝露が葉にぽろぽろと滴《したた》っています。

良寛は、「あっ」と思いました。

その時、そばにおられた国仙和尚は、

「良寛よ、まさに……」と、良寛に微笑みました。

「はい、国仙和尚様。まさに『露《つゆ》に泣《な》く　千般《せんぱん》の草《くさ》、風《かぜ》に吟《ぎん》ず　一様《いちよう》の松《まつ》』でございますね」と良寛は嬉しそうに答えました。

備中への旅の途中で国仙和尚が唱えていた寒山詩の一つです。

良寛は、この寒山詩を唱え、寒山もこの景色を観《み》、心打たれたからこそ、この句を詠んだのだ、と実感されてきたのでした。自分は今、寒山と同じ景色を観ているのだ、と。そして国仙和尚もまた、その思いを抱いておられるのだ、と。場所を越え、時を越え、同化

風に吟ず一様の松

する。同じ心を持つ、それは、変わらぬ自然の営みがあるから出来ることなのでした。それに気付くかどうか、そこに近づくことができるかどうか。名句を心に刻み、口で唱えるからこそ実感され得《う》ることだったのです。

玉島の四季折々に触れつつ、日々を暮らし始めた良寛の姿がそこにありました。

そんな玉島の空のもと、円通寺での修行は続くのでした。

その日課は本山の永平寺よりも厳しく、一日の坐禅は暁天《きょうてん》坐禅《ざぜん》（早朝三時十五分）、早晨坐禅《そうしんざぜん》（朝七時）、晩参坐禅《ばんさんざぜん》（夕方四時）、夜坐《やざ》（夜七時）と坐禅だけでも四回ありました。

早朝三時に振鈴起床《しんれいきしょう》、暁天坐禅の時に暁鐘《ぎょうしょう》を百八声《ひゃくはっせい》、夜坐の時に昏鼓《こんく》を百八声。

この間に作法にのっとった食事があり、講義や読経《どきょう》があったり、日天作務《にってんさむ》（堂内外の清掃）がありました。夜九時に開枕就寝《かいちんしゅうしん》です。開枕鐘が静かに

鳴り渡り、一日を反省しながら法衣《ほうえ》を脱ぎ、煎餅布団《せんべいぶとん》を取り出して二つに折り、中にはさまって、身体《からだ》の右を下にして、足を伸ばして重ね、寝ます。

また、毎月一日と十三日の月二回、托鉢《たくはつ》が行われ、「鉢盂《ほう》」と唱えながら喜捨《きしゃ》を受けました。良寛は托鉢を通じて、「一《いち》衣《え》一鉢《いっぱつ》」の尊さを知っていったのでした。

しかし、最初はこのような厳しい修行は無理かもしれない、と一抹の不安を覚えた良寛でした。

大心は、そんな良寛にことばを掛けたことがありました。

「良寛、今、修行が苦しいと思っているかもしれぬな。本山よりも厳しいことで有名な円通寺での修行じゃ。続けられるかどうか、不安なのではないか？　しかし、良寛一人で修行をしているのではない。この円通寺には雲水が数十人ほど、常におる。皆で共に修行をしているのじゃ。一人ではできないような厳しい修行も、皆と共に行うことによって不思議とやり遂げることができる。この不思議な力のことを大衆《だいしゅ》の威神力《いじんりき》という」

「大衆の威神力……」

「普通であれば、こんな修行は、一日でももたぬ。たった一人では、な。大勢の中でするからこそ、なぜか不思議な力が働くものよ。目には見えぬ、不思議な力がな。これは勿論、国仙和尚様の受け売りじゃがな」

大心は良寛をあたたかく励ましてくれているのでした。

「そうじゃ。不思議な力といえば、この円通寺には、不思議ないわれの亀がおる」

「亀、でございますか？」

「おぉ。そうじゃ。石の亀じゃ。わしはもう何度も挑戦しておるのじゃが」

「挑戦？」

「ん。その亀の上は大きな板の碑になっておって、そこに文字がいっぱい彫ってある。その碑の文字を全て読むことが出来たら……」

「読むことが出来たら？」

「碑の下の亀が動くのだそうだ」

良寛は、その碑を読んでみたいと思いました。良寛は、ある時、その亀を見ました。「この亀なのだな」そう思い、碑の文字を読もうとしました。漢字の勉強は子供の頃から懸命に取り組んでいた良寛でした。きっと読んで、亀を動かしてみせる。しかし判読できない字があったのです。その字さえ、読めたら、この亀は動いたのに……。と良寛は密かに残念がりました。本当に心から残念に思いました。

ある冬の日、玉島で雪が降りました。玉島の雪は越後の雪とはまったく違います。玉島は水分の多い、すぐに溶ける雪だと良寛は思っていました。その日も常の通り、自然を感じながら修行を行じておりました。本堂のそばを歩いていて、ふと足元に目を移しました。そこには、白い雪に交じり、黄色い花がありました。福寿草が咲いていたのです。良寛は驚いて目を見張りました。今まで、ここに福寿草が咲いているのを見過ごしていたのです。雪の白に交じっていたからわかったのでした。良寛は、自分は、実は観ているようで観ていないことが他にも色々あるのかもしれない、と己の慢心を感じました。

円通寺本堂前の福寿草

この日は良寛にとって、とても大切な日となりました。

また、春が巡ってきました。良寛は玉島のゆるやかな風に心を和らげながらも、心の奥には、焦りが宿り始めていました。自分は何をしているのだろう。はるばると、ここまでやってきて何が出来ているのだろう。何も出来ていないのではないか。厳しい修行で、日々の経典の勉学で本当に人を救うことができるようになるのだろうか、と。眉間にしわを寄せて思い詰める良寛の姿を国仙和尚は黙って見守っていました。

良寛は疑いの心、焦りの心を持ちながらも、黙々と目の前の修行に明け暮れました。

良寛が円通寺にやって来て早《はや》、三年が経ちました。

天明《てんめい》二年（一七八二年）、国仙和尚は六十歳になられました。

それを記念して、ご自分の頂相《ちんぞう》をお作りになられました。

国仙和尚ご自身がお詠みになられた偈頌《げじゅ》には寒山《かんざん》と拾得《じっとく》が詠み込まれているのでした。

寒山《かんざん》の懶堕《らんだ》　猶当《なおまさ》に　可《ゆる》すべし。
寒山の怠けている、その無欲な境地は、やはりまさにすぐれた存在であると気付くべきだ。

拾得《じっとく》の疎慵《そよう》も　亦《また》た　未《いま》だ　隣《りん》せず。
拾得の無精にしている、その名利を求めぬ境地にもまた、未だ近づけない。

頭上《ずじょう》の青灰《あおばい》　三五斗《さんごとう》
頭から青灰をどっさりかぶった、その灰だらけの顔に、

分明《ぶんみょう》　覿面《てきめん》　別《べつ》に真無《しんな》し。
明らかに、面と向かうと　特別に真理などは無い。

咦《いい》。
ああ。

瞋《いかり》は多《おお》く　喜《よろこ》びは少《すく》なし。
腹を立てることは多く、喜びは少ない。

塵《ちり》を撤《はら》ふに一任《いちにん》す。
塵を払うのにすべてをまかせる。

〈国仙和尚　頂相《ちんぞう》の偈頌《げじゅ》〉

国仙和尚はお作りになられた偈頌の意味を語り始めました。

「寒山の無欲な境地は、やはりまさにすぐれた存在であると気付き、賛嘆すべきである。拾得の名利を求めることのなかったこともまた、立派なものであった、その境地にまだ近づくことができない。

頭から青い灰をどっさりかぶった、その灰だらけの顔に面と向かっていると、明らかに特別な真理などないことがわかる。

ああ、恥ずかしいことだ。

腹を立てることは多く、喜ぶことは少ない。塵を払うのに、吹き来る自然の風に任せることにする。

……こんな意味を込めた。この度の記念にわしは、わしを今一度戒めようと思う。しかし、眉間にしわを寄せていては何にもならぬ。任運の境地に今一度、思いを馳せようと思うのじゃ」

国仙和尚は微笑んでおっしゃいました。

この偈頌は、一見、その深い真理はうかがい識ることができませんが、見えなくしている塵を払うのを無為自然に任せるという雄大な境地がうかがえます。

出来あがった頂相を拝見して、「立派でございますね」と良寛は国仙和尚に言いました。いざ一本《ひともと》の軸になってみると、寒山拾得を詠み込んだ漢詩をお作りになられている姿をずっと側《そば》で見てきた良寛には感慨深いものがありました。このお軸について、いろいろと国仙和尚はお話下さいましたが、次の一言を聞いて良寛は愕然《がくぜん》としました。

「寒山は巻物を持つ姿で描かれる。いつも勉学に励んでいた姿じゃ。拾得は箒を持った姿で描かれる。常に作務を怠らなかった姿じゃ。常に勉学に励む良寛は、寒山のようじゃな。作務を怠らぬ仙桂《せんけい》は、まさに拾得のようじゃ。わしは仙桂にはかなわぬ」と国仙和尚はおっしゃったのです。良寛は驚いた顔を国仙和尚に向けました。

「良寛は仙桂の顔ぐらいは知っておろう。よい機会じゃ、明日は仙桂を手伝いなさい。仙桂と作務を共にすることによって、そなたの心に光がさすかもしれぬ」と。

良寛ははからずも仙桂と作務をすることになったのでした。

それを聞いていた大心が、良寛に声を掛けました。

「明日は一日、大地に這いつくばるのだな」と。

良寛は意味がわかりませんでした。

「仙桂さんと一日作務をするということは、一日中大地に這いつくばるということだ。良かったな、良寛」

「大地に這いつくばるのですか」

「良寛は仙桂さんが向こうの畑に歩いて行くのを見たことがあるであろう」

「はい」

「向こうの畑では、仙桂さんは一日中大地に這いつくばっているのだ。だから仙桂さんには誰もかなわん」

「どういうことですか?」

「良寛は役行者《えんのぎょうじゃ》を知っているであろう」

「修験者《しゅげんじゃ》の役行者でございますか」

「そうじゃ。あの役行者が何故、あんな力を得たか知っておるか?」

「わかりません」

「それはな、大地の力を全身で受け取っていたからじゃ。山に入り、修行を重ね、神秘の力を得たとされる。山に入る、と一口《ひとくち》に言っても、これは簡単なことではない。地に這いつくばるようにして上がっていったのじゃ。そうやって自《おの》ずと、大地の力を全身に受け取ることができたという。つまり、大地に這いつくばることによって、自分の本来持っておる力が開花したということじゃ。自分に向き合い続けたからこそ、結果《けっか》、自然《じねん》に成《な》る、結《けっ》果自然成《かじねんじょう》となったわけじゃ。不思議な力としか思えぬ。役行者はその力を以て衆生を救おうとした。伝説なのかもしれぬが、古代には、もしかして本当にあったのかもしれぬ、そういうことが。実は、わしはそれを信じておる。ただ、残念ながら、わしにはその力は無い」

「そうなのですか」

「それを信じ切っておられる仙桂さんは、ただひたすらに大地に対しておられるのじゃ。毎日、毎日。それはわしにはできぬ。それだけで人を救うことができるとは中々思えぬ。しかし仙桂さんは、ただ、ひたすらなのじゃ。他のことは何もなさらぬ」

そういえば、良寛は、仙桂と座禅堂で会ったことが無かったことを思い出しました。勉強をする衆寮《しゅりょう》へも来たことがありません。

仙桂が坐禅をする姿も勉強する姿もついぞ見たことがなかったのです。

経文を唱えているのも聞いたことがありませんでした。

良寛は、この人は勉強の足りない人なのではないかと思っていました。

坐禅も組まないのであれば、修行者ではないではないか、とも思っていました。

その仙桂を国仙和尚はかなわないとおっしゃり、大心もかなわないと言う。これは一体、どういうことなのか。

確かに仙桂は、毎日毎日、畑で野菜を作っています。それを調理し、大衆《だいしゅう》、つまり寺の皆に食べさせるのです。

それを典座《てんぞ》といいます。

体力、気力のいる仕事です。

口数こそ少ない兄弟子ですが、苦しそうな表情に出会ったことはありませんでした。いつも穏やかな柔和な顔でした。だから、たいしたことをしているとは、良寛には思えなかったのです。

若き良寛は、難しい経文の一句すら口をついて出てこない兄弟子の仙桂を、実は心のどこかで見下《みくだ》していたのでした。

翌日、良寛は一日、仙桂の手伝いをしました。この辺りの草を全て抜きます、と仙桂は言いました。大心の言うとおり、大地に這いつくばっています。しゃがんだまま、草を一本一本抜いて行きます。良寛はへとへとになりました。

こんな大変なことを、仙桂さんは笑顔でこなし続けていたのか……。

こんなことだけをして、誰かを救うことができると心から思っておられるのか。迷いはないのか。

良寛は仙桂を不思議な思いで見上げました。

仙桂は、はにかんで良寛を見守っています。

仙桂も口数は少ないのですが、それが、一日一緒にいて、どういうことなのか、良寛には少しわかったような気がしました。

自分が口数が少ないのと、仙桂が口数が少ないのとでは、まるで次元が違う、とこの一日の作務で良寛は痛感したのです。

仙桂は理屈ではなく、もっと大きなところで修行をしていたのです。大地から全身に力を受けながら。

良寛とは全く異なる方法、全く異なる方向でした。

良寛は仙桂が何の屈託もなく一日作務をこなしていく姿を遠目で見るのと、直に見るのとでは、こんなに違うものなのかと驚いていました。

夕方、仙桂はゆるやかな笑顔を良寛に向けました。良寛は、その笑顔がなんと瑞々しいのだろうと思いました。国仙和尚の教えの話に感じた、あの瑞々しさを仙桂の刹那の微笑に感じたのです。なんだかわからないけれど、ぐっと力を込め続けていたどこかが、ゆるめられた気がしたのです。力を抜かなければならないのはわかっていましたが、それがどうしたら自然と力を抜くことができるのかわからなかったのです。それを仙桂はいとも簡単に一瞬で良寛の力《りき》みをゆるめたのでした。

人を救うとは、そういうことなのかもしれない。仙桂は理屈を越えて人を救おうとしている。今、良寛は仙桂に導かれたのでありました。

良寛は、国仙和尚が仙桂を手伝わせて下さった意図に思いが至りました。

人を救うのに最も大切なのは、笑顔なのかもしれない。人と直に接することなのかもしれない。私はどちらも欠けている。しかし、今の私にはどちらも、とても無理だろう。そう、仙桂さんと今の私とでは、次元が違いすぎている。仙桂さんにはかなわない。

その夜、良寛は国仙和尚から呼ばれました。

「良寛よ、仙桂との作務は如何《いかが》であったかな?」

「はい。私とは次元が違いすぎておりました」

「ほぉ、さようか」

「はい。私は禅をくみ、境地が高まると人を救うことができると信じておりました。経典を深く勉強し、その文言を以て苦しむ人を一人ひとり救うことができると信じておりました。作務だけを行って人を救うことができるとは、まったく思ってもおりませんでした」

「わしも、良寛と同じじゃ。作務だけをこなしていて人を救うことができるとは思えぬ。しかし、作務をし続けるその心が一心《いっしん》であり、任運《にんぬん》であり、汚《けが》れがなく、よどみがなければ、どうじゃ?」

「はい。私のように、この修行に疑いの心を持ち、任運でもなく、よどみがあるような禅や経典の勉強であれば、返《かえ》ってせぬ方がよいと思います。一心に心を込めて一つのことに向き合うことこそが、修行であります。作務をするのか、禅を組むのか、経典を勉強するのかではありませんでした。その心が、一心であるか、任運であるか、よどみがないか、それこそが大切だったのです。今日、私は初めてそこに気付きました。私は迷いながら修行をしていたのでございます。私は愚かでございました」

「良寛よ、よく気付いた。そなたは素晴らしい禅、経典の修行をしておる。しかし、これで本当に人が救えるのかどうか、疑っておる。そなたの眉間のしわが、それを物語っておる。しかしな、良寛。眉間にしわがよるのは、そなたが真剣な証拠じゃ。そういうときが人には必要なのじゃ。力を込め、懸命に向かうときが必ず要るのじゃ。その間は苦しむ。笑顔にはとてもなれぬ。人は何に救われるか。和顔愛語《わげんあいご》という言葉を知っておるであろう。和顔施《わがんせ》、じゃ。笑顔だけで人を救うことじゃな。愛語、優しくやわらかい言葉のことじゃ。これは道元禅師《どうげんぜんじ》の『正法眼蔵《しょうほうげんぞう》』「菩提薩埵四摂法《ぼだいさったししょうぼう》」にも説かれておる。「愛語、よく廻天《かいてん》のちからあることを学《がく》すべきなり」とあるが、これは、相手を心から思いやる言葉には、廻天の力があることを知るべきだということじゃ。愛語には天道、運命を変えるほどの力がある、と。その力を以て人を救うことが出来るのだ、と。それを皆、目指しておる。しかし、その和顔愛語を実践するためには、厳しき時間が必要じゃ。それを越えたところにしか真の笑顔、まことの愛語は無い。苦しい先にしか、和顔愛語は無いのじゃ」

「和尚様、私は今まで間違っておりました」

「いや、良寛よ、そうではない。そなたは間違っているのではない。仙桂と良寛、そして私にはそれぞれ役割があるということじゃ。仙桂には仙桂の、良寛には良寛の、私には私の役割があり、それぞれ修行の仕方、方向が違うだけなのじゃ。大切なのは、それぞれの持っている大切な種を、お互いに尊敬し合うことじゃ。見下してはならぬ。見上げすぎてもならぬ。在るべき姿に、そのまま在る姿をありのまま観じ、そのまま敬う心を持つことじゃ。わしは仙桂にはかなわぬと申した。良寛よ、わしは、そなたにもかなわぬ。素晴らしい種を持っておる。その芽吹きを邪魔してはならない。今、良寛に必要なのは、良寛は素晴らしい修行を行っているという自覚じゃ。やり抜きなさい。そなたは間違ってはおらぬ」

「和尚様」

「書物を持て、良寛。必ず笑顔になれる日がくる。心から笑顔になり、まことの愛語を以て、人の心をやわらかくすることができる。そんな日はきっと来るのじゃ」

書物を手にし、禅を組む。この修行を究める。今の私にできるのはそれだけなのだ。迷いを持ってはいけない。良寛は、吹っ切れたように、また衆寮《しゅりょう》へ戻っていきました。いつか仙桂さんのように、直《じか》に接して人を救うことができたなら、心からの笑顔になれたなら、慈味深い言葉で人を救い、己も救うことができたなら、どんなに有り難いだろうと願いながら、再び勉学に励む日々が始まったのでした。

円通寺では春が来ると、鶯がそこここに鳴きます。ほうほけきょう。ほう……法華経《ほけきょう》、と。

国仙和尚は、いつも書物を手に勉学に励む良寛と、いつも黙々と野菜に向き合う仙桂を穏やかな笑顔で見守っておりました。

仙桂と良寛。まことにこの二人は、玉島白華山《はっかさん》 円通寺の寒山、拾得のようであるな、と。

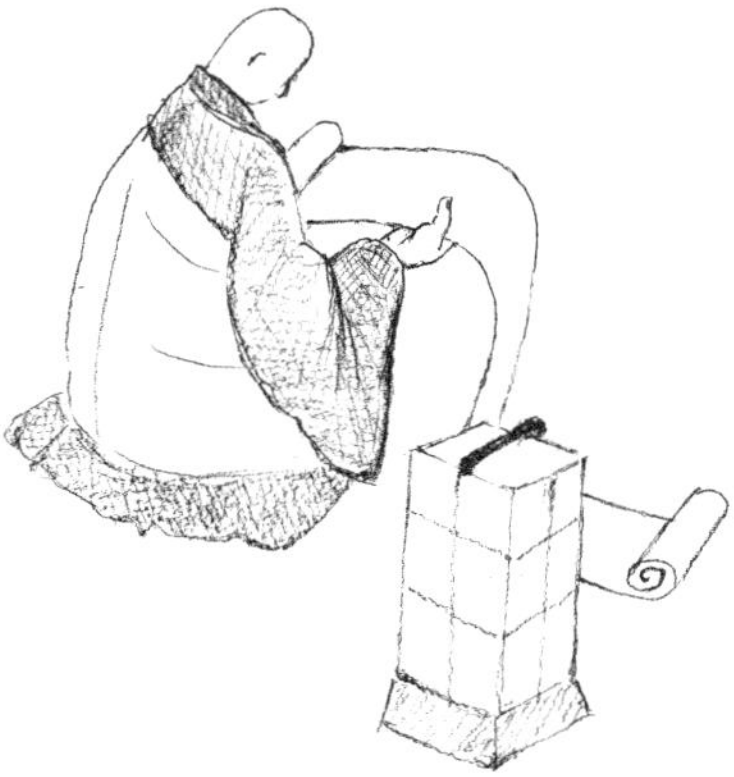

勉学にはげむ良寛

7

大愚《たいぐ》良寛《りょうかん》

菩提樹《ぼだいじゅ》の下《もと》、三十五歳のお釈迦様は、太陽や月、星を見上げながら、瞑想しておられました。

遡《さかのぼ》ること六年前、二十九歳の二月八日、王子であったお釈迦様は城を出ます。

いずれは王になることが約束された立場でした。

しかし、現実は、争いの日々。王子としての役目の中、人と人とが争うのを目の当たりにしていたのです。瞿曇悉達多《ゴータマシッダールタ》王子は、妻も子もおりましたが、出家をすべく、城を出たのでした。

それから六年も苦行をします。苦行によって超人的な力を得ようとしたのでした。

ある日、誰かが歌を歌うのを耳にします。

　弦が強すぎると切れてしまう。

　弱いと弱いで鳴りはせぬ。

　ちょうどよい程にしめてかき鳴らすがよい。

「強すぎると、切れる。弱いと鳴らぬ。ちょうどよい程にせねば、音は鳴らないのか……」

王子はこの歌に驚きました。

この歌によって、己の心と身体《からだ》を追い込む、このような苦行を続けていても、悟りは得られないことに気付きます。

身体を痛めつけ、食も断じたのでは、心が平穏になりません。かえって不安になるばかり。

これでは悟りにはたどりつけないと悟ったのです。

痩せ衰えた悉達多《シッダールタ》王子は川へ行き、水で垢を落とし、身体を清めます。

痩せ衰えた王子を見て、木の神だと思った村娘のスジャータは乳粥《にゅうがゆ》を施します。王子は一瞬、躊躇《ためら》いますが、娘の優しい心に謝し、よろこんでいただきました。

すると、みるみる体力が回復し、心が穏やかになったのです。

ある大きな木の下《もと》、太陽や月、星を見上げながら、瞑想すること七日目、ひとつの星が輝く夜空がまさに明けようとしていました。

東の空に明《あ》けの明星《みょうじょう》を見ます。金星《きんせい》です。王子は、なんときれいな……と息をのみました。

じきに夜が明けます。

太陽が昇ってくるのです。

東の空に。

金星は太陽の光によって輝きます。

ずっと空にあり続けています。

しかし、天空に太陽の光がある間は、かえってその日の光により、金星を見ることはできません。

宵の明星は、西に太陽が沈むことにより、闇夜に輝き出します。

明けの明星は、東に太陽が昇ると、見ることができなくなります。

暁。まだ、漆黒の夜空。

ほどなく日が昇ってきます。

少しずつ東の空が紅《くれない》の色に染まり始めました。

日の出はもうすぐです。

金星はまだ、光を放っています。

すーっと太陽が姿を見せ始めました。

明けの明星は、すっと姿を消しました。

その瞬間、王子は「はっ」としたのです。

「奇《き》なるかな、奇《き》なるかな！」と心の中で叫びました。

なんと不思議な、なんと不思議な！　と叫んだのです。

自分が六年も苦行し、その上一週間もここで瞑想してわかったことは、もともと人には、そなわっていた、ということだったのです。

すべて、誰もが持っていたのです。

如来と同じ智慧を！　遠くに探し求めていた如来と同じ智慧は、すぐここに、自分の心の中にありました。

執着の心が自分の持つ智慧の力を見えなくしていただけだったのです。

もともと、遠くに求めようとしていたものは、そこにあったのでした。

だから、苦行では得られないことだったのです。

人は、心穏やかに生きていくための智慧（般若）を己《おのれ》に持っていました。

私にはその力があるのです。

あなたにもその力があるのです。

それに気付くかどうかなのです。自分の中にもともと備わっている、生きていこうとする力、その力に気付く方法がわからないだけなのです。

それを悉達多《シッダールタ》王子は明けの明星によって識《し》ったのです。

理屈《りくつ》を越《こ》えたところにある、目に見えない大切なものを、明けなんとする大空《おおぞら》から王子は受け取ったのでした。

目には見えないかもしれないけれど、確かに輝いている、人はみなその大切な何かを心の中に持っている……誰もが持つ心の輝きに気付いた瞬間でした。

三十五歳の十二月八日、明朝《みょうちょう》のことでありました。

王子はその時から後、「仏陀《ぶっだ》」と呼ばれることになります。覚者《かくしゃ》、すなわち悟りを得た者という意味です。

一週間瞑想した大きな木は「菩提樹」と呼ばれるようになりました。迷いを断ち切り、悟りを得る木という意味です。

後年、富豪の子であったソーナが苦行を己に課しているのを見て、お釈迦様は、ソーナが以前、琴の上手《じょうず》であったことを思い、「琴の弦《げん》は緩《ゆる》んでいては良い音は出ない。かと言って強く張りすぎると、切れてしまう。どちらであっても良い音を響かせることはできない。緩みもせず、張りすぎもせぬ、丁度よい締め具合が最も良い音になるのではないか？」と言葉をかけます。

ソーナはお釈迦様の弾琴《だんきん》のたとえにより、それからは教えを楽しみながら修行し、成就したといいます。

若き日の良寛は、玉島円通寺で国仙和尚のもと、懸命に修行に励んでおりました。良寛の修行は、自分自身に厳しすぎるように国仙和尚には感じられましたが、何も言わず見守っておりました。時折、良寛を含め、皆に話をするとき、ソーナの弾琴のたとえの話をしました。

「ソーナは、少し緩めなさいとお釈迦様から言われたのじゃ。自分に厳しすぎてはならない、とな。皆もそれぞれ己に問い、もう少し緩めた方がよいのか、引き締める方がよいのか考えて修行に励みなさい」と締めくくるのでした。

良寛は、己に問い、もう少し引き締めるべきだ、と自らに言うのでした。


円通寺は禅寺です。達磨大師の始められた坐禅を大切にしています。

かつて国仙和尚は十月五日の達磨忌《だるまき》の時、偈頌《げじゅ》をお作りになられました。

禅の祖師、達磨大師に対する敬慕の念がこめられました。

達磨大師はお釈迦様の示された仏教の極意を伝えんがために、インドからはるばる中国にやって来たお方です。お釈迦様の極意とは何であるのか。これを伝えたいと思った達磨は、不立文字《ふりゅうもんじ》　教外別伝《きょうげべつでん》を以て伝えようとしました。その方法が禅を組むということにほかならなかったのでした。


国仙和尚はおっしゃいます。

「お釈迦様は本当に大切なものは目には見えないとおっしゃられた。実は心の中にあるのだと。その種を見付けるためにお釈迦様は若き日、苦行を六年もお続けになられた。だからこそ、お気付きになられたのじゃな。お釈迦様から随分ときが経ってそれを実践したのが達磨大師じゃ。達磨大師は禅を組むことによって人は、大切な何かに気付くとお考えになられた。九年ものときを費やされた。

達磨大師は優曇華《うどんげ》の花を見たかったのかもしれぬ」

「優曇華《うどんげ》の花でございますか?」と兄弟子の一人が尋ねました。

「さよう。優曇華《うどんげ》の花じゃ。お釈迦様が華《はな》を拈《ひね》ったとき、迦葉《かしょう》は微笑んだといわれているが、あの花はあるいは優曇華《うどんげ》の花であったと道元禅師はおっしゃられておる」

道元禅師の「正法眼蔵」に「拈華微笑《ねんげみしょう》」を説いた「優曇華《うどんげ》」という名の巻があります。「優曇華」とは三千年に一度咲く花です。希有な花です。三千年に一度咲くので、花を見る人はほとんどありません。それ故、花が咲くことを人は知らないのです。

「優曇華」は三千年《みちとせ》に一度だけ咲く花、稀にしかみることのない花です。

道元禅師は『正法眼蔵』の「優曇華」という巻ではお釈迦様の「拈華微笑」を次のように説いています。いわゆる「拈華瞬目《ねんげしゅんもく》」のことです。

その昔、晩年のお釈迦様が、百万という大勢の弟子たちの前で教えを説いていたときのことです。お釈迦様は黙《もく》したまま、一本の花「優曇華」を拈《ひね》り、瞬目《しゅんもく》（まばたき）なさいました。その時、摩訶迦葉《まかかしょう》（釈迦の十大弟子の一人）は、ただ一人、「破顔微笑《はがんみしょう》」したといいます。顔をほころばせて微笑んだ、ということです。お釈迦様はその様子を見て、摩訶迦葉に印可を与え、「正法眼蔵《しょうぼうげんぞう》 涅槃妙心《ねはんみょうしん》」（正しい教えを不立文字《ふりゅうもんじ》、教外別伝《きょうげべつでん》して残りなく迦葉に伝える）とおっしゃいました。まさしく「以心伝心《いしんでんしん》」です。

このときの花は「金波羅華《こんぱらげ》」とも「青蓮華《しょうれんげ》」（仏陀の眼の形容）とも「優曇華」ともいわれていますが、道元禅師の「正法眼蔵」では「優曇華」としています。

達磨大師のお言葉としても有名な「不立文字《ふりゅうもんじ》　教外別伝《きょうげべつでん》」は文字によらずして、口では説くことのできない真実の教えを、直接心から心へとその極意を伝えるということです。そうして伝えられた真理の心により、心の中に、もともと備わっている生きていくための力、智慧の力に気付くことができるのです。

道元禅師の『正法眼蔵』には、

「拈華《ねんげ》」というのは、華が華を拈《ひね》るのである。梅の華、春の華、雪の華、蓮《はちす》の華がそれである。

「一華《いちげ》は五葉《ごよう》を開《ひら》き、結果《けっか》は自然《じねん》にして成《な》る」という。それは、喩《たと》えるならば、風鈴が虚空にかかって風のまにまに、ひねもす鳴っているようなものであろうか。また、(「本来無《ほんらいむ》一物《いちもつ》」で有名な)六祖《ろくそ》慧能《えのう》がただひたすらに米を碓《つ》いて、ついに夜半《やはん》に五祖《ごそ》弘認《ぐにん》から伝《でん》衣《ね》(法を伝えること)されたというのは、その華がおのれを拈《ねん》じたものであろう。みなそれぞれの営みが華を拈じているのである。その華の色であり、その華のひかりである。したがって、生きとし生けるものは、みな、優曇華にほかならない。このゆえに、これをすなわち稀《まれ》という。

と、あります。

「瞬目《しゅんもく》」とは、眼を瞬《まばた》くということです。お釈迦様が菩提樹のもとで坐しておられたとき、明けの明星を見て悟られました。そのときに「瞬目」せられたのでございます。

優曇華を拈ったとき、摩訶迦葉は、顔をほころばせて微笑しました。その途端、摩訶迦葉は、それまでの顔から拈華の顔になってしまったのです。

「如来の瞬目は、すなわち拈華なり。優曇華の心はおのずから開くのである」

華の色はいよいよ加わり、その色にはまた光がましてくる。笙を吹く音《ね》が水底から聞こえて来る。いま如来の眼睛《ひとみ》は、梅華となってしまった。如来は梅の華の中にその身を蔵《かく》す。梅の華は雪の中でただ一枝に咲かせる。その華はやがて繚乱として春風を吹かせる。

華のひらくは春の風にもよおされるからである。

このように、道元禅師の『正法眼蔵』にはあります。

このことを国仙和尚は、じっくりとお話下さいます。

「華を一人ひとりが心に持っておる。すべての人の心の中にある。お釈迦様は、明けの明星の輝きが天空からすっと姿を消す、その一瞬に、心の中の華に気付いたのじゃ。そのときの眼睛《ひとみ》の輝きは、すなわち明星の輝きであったという。その光が光そのままにお釈迦様の眼睛《ひとみ》の光となった。百万という大勢の弟子たちの前で、お釈迦様が華を拈《ひね》ったそのときの眼睛《ひとみ》の光も、また明星の光そのものであった。華を拈ったときの瞬目を見たとき、迦葉にも同じことが起こったのじゃ。つまり、お釈迦様は明星の輝きがそのままその眼睛《ひとみ》に宿り、またその輝きがそのまま迦葉にも宿ったということじゃ。お釈迦様から迦葉へ光が転じた瞬間、それを『拈華微笑』というのじゃ。明星の輝きをたった一人受け取っていたお釈迦様は迦葉へその輝きをそのまま伝えることができた。迦葉へ、転《てん》じ、寛《ひろ》がったのじゃ。だから、迦葉は微笑んだ。咲《さ》くは「わらう」とも読む。迦葉の心の中の華が咲いたそのときのことなのじゃ」

曹洞宗のご本尊は釈迦牟尼仏です。

お釈迦様のことです。

だから円通寺の本堂には星浦観世音菩薩様の隣に釈迦牟尼仏もおわします。

毎日の本堂でのお唱えは「南無　釈迦牟尼仏」です。

釈迦牟尼仏の話を国仙和尚はよくして下さいました。

そのお釈迦様の心を受け継いだ禅の始祖、達磨大師の話も、

「拈華微笑の華は仏教の極意である。それを伝えようとして達磨大師は、中国に小舟にのってはるばる来られた。お釈迦様の時代から千年ほども後のことであったと言われておる」

達磨大師が中国へ渡って来られたのは、五二〇年頃です。達磨大師は中国に渡って来ら

れるまでは、インドで仏教の修行をしておられました。師匠の般若多羅尊者《はんにゃたらそんじゃ》からは、「中国に行き、仏教を中国に広めるように」と言われていたのです。達磨大師は小舟に乗り、海を渡って、中国へやって来ました。航海は三年もかかったと言います。

達磨大師には、多くの迷える人々を救いたい、との志があり、はるばる小舟でやって来たのでした。

中国にやってきた達磨大師は梁《りょう》の武帝という皇帝と会《あ》うことになりました。武帝は、仏教を一生懸命勉強していて、達磨大師に聞きたいことがいっぱいあったらしいのです。それは十月一日のことでした。そこで、達磨大師と武帝は問答をすることになります。

この話は国仙和尚はきまって十月が近づくとして下さったのでした。

「梁の武帝と達磨大師の問答は、『碧巌録《へきがんろく》』第一則《だいいっそく》や『正法眼蔵《しょうぼうげんぞう》』「行持《ぎょうじ》（下《げ》）」などに載る話じゃ。その問答は、三つに分かれておる。そもそも武帝は仏教をよく勉強していて、寺を建てたり、写経をしたり、僧を度《ど》する（出家させる）などして仏法に尽くして来た。

武帝は達磨大師に『こんな私にはどんな功徳《くどく》がありますか？』とまずは尋ねた。

それに対して達磨大師は『無功徳《むくどく》（功徳などありゃせんよ）』と言った。次に質問したのが『聖諦第一義《しょうたいのだいいちぎ》（奥深くにある仏教の真理）とは何ですか？』というものじゃった。「聖諦」とは、いかにも在り難そうな、殊勝げな、聖なる悟り、ということで、武帝は深遠な教えを達磨大師にあえて尋ねたことになる。達磨大師の答えは、『廓然無聖《かくねんむしょう》』というものであった。

『廓然無聖』の『廓然』とは、どこまでも続く晴れた青空のようにからりとしている、ということじゃ。『無聖』というのは、『聖』も『凡《ぼん》』も何もないということ、つまり『廓然無聖』という答えは、『あなたが思っているようないかにも聖諦と思えるようなものは何もありゃせんよ、このからっと晴れた大空があるのみじゃ』ということだったのじゃ。ここまで問答をしていて、武帝はむっとする。自分の求めている答えとことごとく違っていたからな。

そこで、三つ目の質問をしたという。

『私の目の前にいるあなたは一体誰なのですか？』と。

あなたは誰なのかと問われ、達磨大師はこう答えた。

『不識《ふしき》（知らぬ）』と……」

見て見ず、会うて会わず。武帝は、達磨大師の真のお姿がわからなかった。お釈迦様の眼睛《ひとみ》の輝き、摩訶迦葉に伝わった輝き。それは心の奥に宿る光じゃ。達磨大師の眼睛《ひとみ》にも清らかな輝きが秘められていた。それに武帝は気付かなかったのじゃ。達磨大師は、すっくと立ち、武帝の前から姿を消した。達磨大師が宮殿から出て行ってしまい、茫然となった武帝は、そばにいた誌公《しこう》という人物から『あの達磨大師は観世音菩薩なのですよ』と聞かされて後悔した。しかし、もう遅かったのじゃ。達磨大師はすでに宮殿から遠く離れてしまっていたからな。達磨大師はそのまま嵩山《すうざん》の少林寺《しょうりんじ》に赴《おもむ》いた。壁に対して禅を組み始めた。面壁九年の行であったという。実に九年もの間、達磨大師は禅をし続けたのじゃ。達磨大師は慧可《えか》という人物に法をお授けになった。それから後、達磨大師の禅の心は時代を経《へ》て五つに広がって行った。これが『一華五葉を開く《いっかごようをひらく》』という禅語に表わされておる。一人で坐禅を始めた達磨大師の一つの華が、五つに広がり、その華が咲いたのじゃ。真実は必ず伝わる。『一華五葉を開く《いっかごようをひらく》』は『結果 自然に成る《けっかじねんになる》』と対句になっている。華が咲き、実が成る、これは自然に実って行く、という意味じゃ。目の前のことを懸命にしておれば、必ず実を結ぶ。なすべきことをやるだけやって、あとは自然に任せる。熟《じゅく》すときを待つ。そうすれば必ず結果がついてくるのだ、と達磨大師は慧可に伝えたのじゃ」

達磨大師の行った面壁は、「壁観《へきかん》」という坐禅の方法です。壁を観て禅を組み、自らが壁となって、壁のように動じることなく坐る、ということです。「壁観」とは、己を観ることでもあります。弱い自分、駄目な自分、愚かな自分を観ることです。そして、良い心、清らかな心、やさしい心が自分の心の奥底にあることも観るのです。

達磨大師は九年のときを費やしました。

一心に九年も壁観を続け、最後には立つこともままならなくなったと伝えられています。その姿から、達磨さんの人形が作られるようになりました。赤い、小さな人形です。何度転がしても起き上がるので、起《お》き上《あ》がり小法師《こぼし》とも呼ばれます。「七転八起《ななころびやおき》」という言葉も生まれました。

達磨さんの起き上がり小法師は何度でも自分の力で起き上がります。知らず知らずの内に、生きる力を受け取ることとなります。達磨大師の心の華はずっと広がっているのです。その華を国仙和尚は、円通寺の雲水一人ひとりに伝えようとしておりました。

そして、円通寺での達磨忌のとき、国仙和尚は偈頌《げじゅ》をお作りになられたのです。

達磨忌《だるまき》

達磨忌

廓然無聖《かくねんむしょう》　身《み》を蔵《かく》し　影《かげ》を露《あら》わす。

この青空のようにからっとしている。　身を蔵して影を現す。

面壁九年《めんぺきくねん》　花《はな》　謝《しゃ》して　影《かげ》なし。

面壁すること九年。　花は　しぼんで　影も無い。

咦《いい》。

ああ。

少室《しょうしつ》　峰頭《ほうとう》　君《きみ》　自《みずか》ら見《み》よ、

少室（達磨大師のこもられた嵩山の西の山）の　峰のてっぺんに、　君、　自ら見よ、

飄然《ひょうぜん》として　霜葉《そうよう》　真容《しんよう》を　露《あら》わすを。

ふらりとして　紅葉　その真の姿を　現すのを。

〈「達磨忌《だるまき》」の日の偈頌《げじゅ》　国仙和尚作〉

達磨大師　面壁九年
梁の武帝の問答のあと

国仙和尚が作られた達磨忌《だるまき》の偈頌《げじゅ》は、廓然無聖で始まっています。

あの梁の武帝に対して達磨大師の答えた言葉です。

達磨大師を賛嘆する偈頌について、国仙和尚は語られました。

「この達磨忌《だるまき》の偈頌《げじゅ》は、遠いところに真理があるのではなく、すぐそばにあるということを伝えるために言葉を紡いでおる。その意味は、『この青空のようにからっとしていて、聖も凡もなにもなく、お釈迦様はその身を華の中に蔵《かく》しておられる。私たちを導くために影を現して下さっている。それを見付けるために壁に向かいて、坐禅すること、九年。花はしぼんでしまって影も無い。ああ何ということか。(面壁九年《めんぺきくねん》を行《ぎょう》じた)嵩山《すうざん》の西の山、その峰のてっぺんに登って、君よ、自らご覧なさい、飄然《ひょうぜん》として、霜が降《お》りて紅《くれない》や黄色《きいろ》に色づいた葉がその崇高な真の姿を現すのを』というところじゃ」

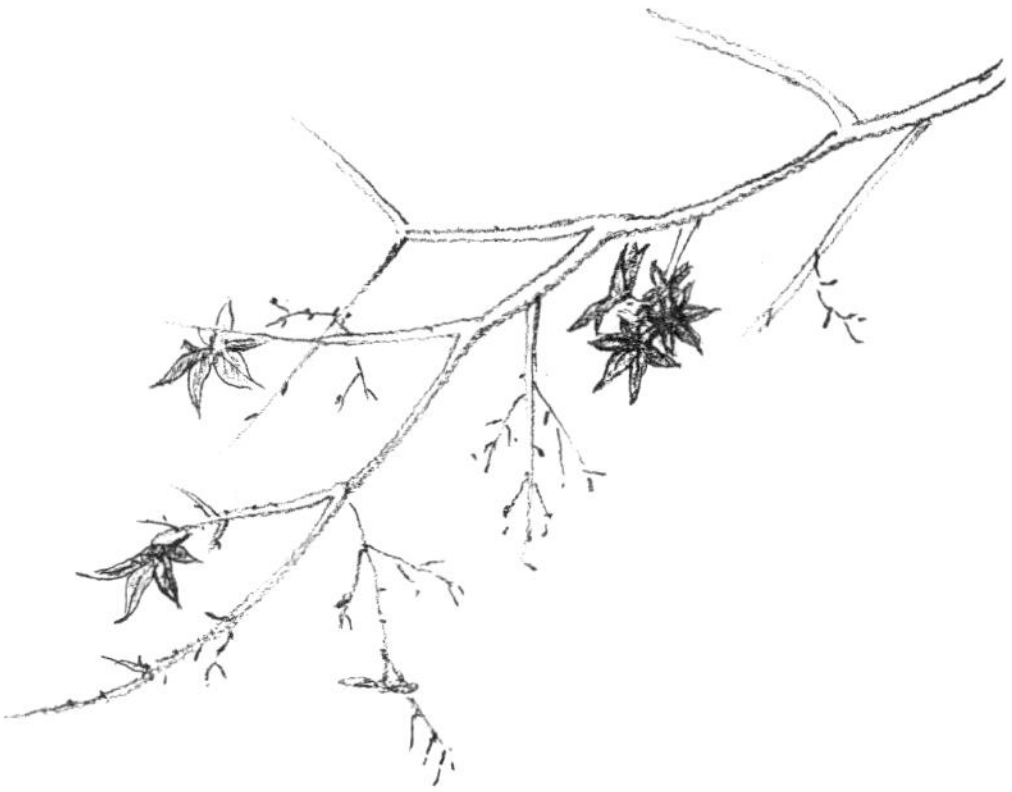

飄然として　霜葉　真容を　露わすを……

国仙和尚はこの偈頌に、赤き紅葉を詠み込んでいるのでした。

良寛は円通寺に来た最初の日に赤き紅葉が風に揺れているのを思い出していました。


円通寺にまた春がやって来ました。梅が咲きます。

香り高き季節、良寛は梅の花が咲くのを見上げておりました。


ある日、良寛は国仙和尚に高方丈に来るように言われました。

良寛は身を清め、高方丈へ渡り、戸の前ですっと座りました。

「お呼びでございますか」

「良寛か、入りなさい」

「はい、失礼いたします」

良寛は戸を開け、師の室に入りました。

「良寛や、だいぶこの円通寺には慣れてきたかな」と国仙和尚は尋ねました。

良寛は黙してしまいました。何と言っていいかわかりませんでした。

それは師も予想していたようでした。

師も何も言わず、対座していました。

この時間の流れは、不思議と寛《くつろ》ぐ心になりました。

国仙和尚も同じなのだと思われました。

やがて、良寛は静かに、国仙和尚に問い始めました。

「和尚様。……和尚様の家風《かふう》とはいかなるものでございましょうか?」

「家風か。この円通寺で、わしが何を柱にしておるかを問うておるのじゃな。私が皆に何を求め、また己にも何を課しておるのかと。それは、一《いち》に石《いし》を曳《ひ》き、二《に》に土《つち》を搬《はこ》ぶ、これに尽《つ》きる。石臼を曳く、土を搬ぶ、これは作務じゃ。禅を組み、経典を勉強する、これも大切なことじゃ。しかし、それだけで悟りが開けた者は古来一人もおらぬ。何かをしていて、ある日、忽然と悟る。その為の道に作務がある。人のために、自分のために石臼を曳き、土を搬ぶのじゃ。実践を通してこそ、己の中にある華のありかがわかる。いつわかるか識《し》れぬが、とにかく、目の前のことに懸命になることじゃ。それを皆に求めておる。そして己にも求めておる」

「人のために石臼を曳き、土を搬ぶのでございますか？」

「実はそれは同時に己のためでもある。人の喜ぶ顔を心で想像し、汗水流す。そうした中で禅を組んだり、読経をしたり、経典の勉強に励んだりすることが真の意味で生きてくる。人を救う力が自ずと備わってくる。その尊さを一心に信じて、今日も石臼を曳き、土を搬ぶ。明日も石臼を曳き、土を搬ぶ。明後日《あさって》も明明後日《しあさって》も、……そうして日々を暮らすうちに、いつか求めるものが見えてくるはずじゃ。きっと、その向こうには、からっと晴れた青空が見えるであろう。廓然無聖じゃ」

良寛はからっと晴れた青空を想像しました。

「人の喜ぶ顔を見るのが、一番の幸せじゃと思わぬか？」

「はい、さように存じます。私はこの道に進むことができて、本当に幸せでございます」

「そうじゃな。この道に進むことは幸せなことじゃ。そういえば良寛は備中への道を二河白道にたとえていたな」

「はい。この白道を迷わず真っ直ぐ歩みなさいと言われました」

「破了の言葉か?」

「はい」

「ならば、破了は阿弥陀様ということになるな」

「あ、さようでございますね」と言って、国仙和尚と良寛はクスクスと笑いました。

阿弥陀様といえば、良寛には一つ、疑問がありました。

何故、国仙和尚様は阿弥陀様を唱えておられるのか、それがわからないのでした。

この寺に身を置くと、国仙和尚の普段の姿を目にし、耳にすることも日常となります。

この前、たまたま国仙和尚の唱える声が聞こえてきたのです。その声は、

「南無《なむ》 阿弥陀仏《あみだぶつ》」

と響いていたのです。

良寛は『何故……』と、茫然自失となりました。

ここ円通寺は曹洞宗の禅寺です。ご本尊は釈迦如来様のはずです。

「南無《なむ》釈迦牟尼仏《しゃかむにぶつ》」

と、本堂では皆で唱えているのです。それなのに何故、国仙和尚はお一人で、高方丈で阿弥陀様をもお唱えなのか、わからなかったのです。

良寛は自分なりにそのことを日々、考えておりました。その答えはもしかしたら全く見当外れかもしれません。しかし、今日、高方丈で国仙和尚様と対座してお話を伺うという機縁を良寛は大切にしようと思いました。

今、……今。

この今、自分の問いを師にぶつけてみるときなのだと。

「和尚様、和尚様に尋ねたいことがあります」

「ん？　何じゃな」

「はい。……和尚様、実はこの前、私は和尚様が阿弥陀様をお唱えしておられるのを偶然にも、聴いてしまったのです、おそらく、この高方丈でお唱えでいらしたのではないかと私には思えました」良寛は正直に話しました。

「ほぉ、そうか。それで？」和尚様は少し緩《ゆる》やかなお顔になられました。

「ここは曹洞宗でございますれば、本堂にはお釈迦様がおわしてございます。当然、名号《みょうごう》は『南無《なむ》釈迦牟尼佛《しゃかむにぶつ》』でございます。本堂では、その名号を和尚様は唱えておいでです。我々もみな、唱えております」

「さよう。良寛の申す通りじゃ」

「しかし、高方丈では、お一人で『南無《なむ》阿弥陀佛《あみだぶつ》』とお唱えです。何故なのでしょうか？」

「ほぉ、そうじゃのぉ。まだ良寛には話しておらんかったかのぉ」そうおっしゃって、和尚様は高方丈の床の間の隣にある内仏壇の方に向き直りました。そして、「一緒に唱えんか」手を合わせ、『南無《なむ》阿弥陀佛《あみだぶつ》』と名号を唱え始めました。

良寛は内心「えっ」と戸惑いました。何の心の準備もしていないのに、急に「南無阿弥陀仏」なんて唱えることはできません。

「何の準備もできていない」……そんな良寛の思いはそっちのけで、国仙和尚はどんどんお唱えになられるのです。良寛は思い切って自分も「南無阿弥陀仏」と唱え始めました。

曹洞宗のお寺で、『阿弥陀仏を念じるなんて』という良寛の理屈を国仙和尚は見事に打ち破ったのでした。

良寛は国仙和尚の声と自分の声が和してゆく不思議を観じていました。ここへ来て、何故自分はこの円通寺にいるのであろうか。何のご縁なのであろうか。理屈では、どう考えても不思議なのです。

声が和するに従い、良寛は、理屈ではなく、自分は、今、たしかにここに居るのだと思いました。

何故だかわかりません。

とにかく、今、ここに居るのです。

何度念じたかわかりませんが、すーっと国仙和尚はお唱えを終えました。良寛も自然に合わせてお唱えを終えました。

再び、静寂につつまれました。

「ふー。」

と、国仙和尚はゆっくりと息を吐きました。

良寛を内仏壇の近くに招きました。良寛はしずしずと膝行してその前に座りました。和尚様は、言葉を継ぎました。

「真ん中におわすのが阿弥陀様じゃ」

良寛はその阿弥陀様に手を合わせました。今までも見たことがあったにちがいないのですが、このときに初めてお逢いした気がしました。上品な、阿弥陀様です。

「向かって一番右が修行時代のガリガリに痩せ細ったお釈迦様の像じゃ。あの苦行六年の姿じゃな。スジャータから乳粥《にゅうがゆ》を施される直前のすがたじゃ」

近くでよく見ると、確かに小さく黒い像があります。苦行の姿をしておられます。

「その隣がお地蔵様じゃ。円通寺開山、良高和尚様が終生大切にしておられた石のお地蔵様でな。その隣が良高和尚様の爪髪塔《そうはっとう》じゃ。それから真ん中が最前申した阿弥陀様じゃ。その隣が良高和尚様の像で、そのまた隣が良高和尚様の御位牌じゃ。一番左が良高和尚様の舎利塔《しゃりとう》じゃ。この高方丈の内仏壇は、円通寺開山の良高和尚様を大切に思う心がたくさんつまっておる。わしもここにおるときは毎日、良高和尚様と向き合っておるんじゃよ。わしの師匠の師匠じゃ。お逢いしたことはなかったが、その心は、わしの師匠である全国《ぜんこく》和尚《おしょう》から受け継いでおるつもりじゃ。不思議な縁《えにし》でわしはここに、今、居る。不思議な機縁じゃ。おそらく良高和尚も同じように不思議な縁を感じておられたことではないかと思

円通寺・高方丈の内仏壇

苦行姿の釈迦像

良高和尚の石地蔵

良高和尚の爪髪塔

阿弥陀如来

良高和尚の像

良高和尚の御位牌

良高和尚の舎利塔

う。良高和尚がここへ来られる前までは、星浦観世音菩薩様は雨ざらしにされていた。星浦観音様は遠く、行基菩薩様に遡《さかのぼ》るという。行基菩薩様は何かに導かれるかのように、玉の浦に来られ、柏《かしわ》の山《やま》の頂上に大きな石を見出《みいだ》された。それは観音様の降りて来られる白華石だと気付かれた。夜明け方、明星の星の光が照っていた。その光と入れ替わるかのように日の出の光が現出した。行基菩薩様はその光を心に観じられたのじゃ。その光は白華石をも照らした。想像するに荘厳な輝きであったことであろう。その光にて、この玉島をお護り下さる観音様を、行基菩薩様はお作りになられた。それが、星浦観世音菩薩様じゃな。それから何百年も経って、何故か良高和尚がここへ導かれたのじゃ。星浦観世音菩薩様を、おわすべきところに、おわすべき様にお護りするために。そして、玉島の人々をお護りいただくために」

良寛は、じっと聞き入っておりました。

「良高和尚様がここへ来られたときは、良高和尚様ご自身は曹洞宗の住職でいらっしゃった。されば、この円通寺も曹洞宗の寺になった。しかし、良高和尚様は若き頃、黄檗宗の禅寺にも参禅しておられてな。さすれば、阿弥陀様へのご信仰も持ち合わせておられた。

じゃから、本堂には曹洞宗のご本尊である釈迦如来様が、高方丈の内仏壇には心の中に黄檗禅を持つ良高和尚の大切にしておられた阿弥陀様がおわすのじゃよ」

良寛は、そういうことだったのか……と腹に落ちました。

その良高和尚様の若き頃の御信仰のお心をも、国仙和尚はお大切に思っておられる。心の華の種を大切に護っておられる。

その心を、国仙和尚は良寛にも授けたいと思っておりました。

「和尚様、明日また、ここへ伺いたく存じますが、よろしゅうございますでしょうか？」

良寛の問いに、国仙和尚が頷いたのは言うまでもありません。

翌日、良寛は再び、高方丈へ参上しました。

国仙和尚と対座しております。

「和尚様、昨日のお話の後、また、思案をしておりました。和尚様のお耳をお借りしたく存じます」

「ほぉ、そうか。承ろう」

「和尚様は本堂では『南無《なむ》 釈迦牟尼佛《しゃかむにぶつ》』と、高方丈では『南無《なむ》 阿弥陀佛《あみだぶつ》』とお唱えです。二つの名号をお持ちになっておられるということです」

「ん。まことに、そうじゃな」

「此《こ》の名号《みょうごう》（『南無《なむ》 釈迦牟尼佛《しゃかむにぶつ》』）を持《も》ち、彼《か》の名号《みょうごう》（『南無《なむ》 阿弥陀佛《あみだぶつ》』）を持つということは……」良寛は、そこで言葉を区切りました。

「如何《いか》に持つ？」と和尚様は深いお声で問われました。

「南無三世一切佛《なむさんぜいっさいぶつ》に存《ぞん》じます」良寛は小さい声で、されど凛《りん》とした声で言い切りました。

「ほぉ……さようか」国仙和尚は目を細めました。

「良寛よ、如何《いか》なることか、今一度《いまいちど》、言葉《ことば》を継《つ》ぎなされ」

「はい、和尚様。三世、すなわち、過去世、現世、未来世の三世、すべてをこの円通寺はお護り下さっているのではないかと考えたのでございます」

「三世─過去、現在、未来のすべてのときに、我々をお護り下さっているのじゃな」

「はい、そう思えるのです。阿弥陀様は西方の十万億仏土のかなたの浄土におられます。私たちの未来をお護り下さる存在です」

「そうじゃな」

「釈迦如来様は、今現在をお護り下さっている存在です」

「そうじゃな。それで？」

「……、それで。実はそこまで考えたにすぎません。過去は如何《いか》に思えばよいのでしょうか」良寛は素直に問うた。

「良寛よ、昨日の今日で、よくそこまで考えたものじゃな。三世一切仏《さんぜいっさいぶつ》とは、過去世《かこぜ》、現世《げんせ》、未来世《みらいせ》の三世の全ての仏のことじゃな。過去世の仏様、現世の仏様、未来世の仏様。その三世一切仏を良寛は心の中で探しておるのじゃな。わしが未来世の阿弥陀様を唱えておるばかりに、そなたは、心の中に生じた矛盾を解きたいと思っておる。本堂におわすお釈迦様が現世の仏様。高方丈におわす阿弥陀様が未来世の仏様」

「はい。さようにございます」

「ん。しかし、この円通寺には過去世の仏様が足りぬ、と良寛は言いたいのではないか？」

良寛は、言いにくそうに「さようでございます。それで、如何《いか》に考えたらよいのか迷っております」

「そうか。未来の阿弥陀様、現在のお釈迦様、足らぬ過去の仏様は果たしてこの円通寺にはおられないのか。良寛はそこが不足に思うのじゃな。過去世をお護り下さる仏様がおられると、すっと腑に落ちる、ということか？」

「さようでございますが、そんな仏様が思い当たらないのです……」

「実はな、良寛よ。過去世の仏様はこの円通寺におられるぞ」

「え？　この円通寺に、過去をお護り下さる仏様がおられるのでございますか？」

「さよう」

「いったい、どこに？」

「さぁ、どこにおわすかのぉ」国仙和尚様は、にこにこされています。

良寛は過去世の仏様を思い浮かべようとしても、まったく思い当たりません。

「良寛がここへ来たばかりの日、そなたはその仏様に手を合わせておったぞ」

良寛は、円通寺へやって来た日のことを思い出しました。

「あっ。お薬師様……」

「そうじゃ。お薬師様じゃ」

良寛はここへ来た最初の日、鶴亀池の横の石段を登ったところで、国仙和尚から「辺りを見回してみよ」と言われ、後ろを振り向いたのです。そこにお薬師様がおられたのでした。

「思い出したかな？　お薬師さまは薬師瑠璃光如来《やくしるりこうにょらい》とも呼ばれる。東方浄瑠璃《とうほうじょうるり》の世界におられる。そこは過去世なのじゃ。東から太陽は出る、天空を通り、西へ進む。東方浄瑠璃（過去世）の薬師如来様、中央（現世）の釈迦如来様、西方浄土（未来世）の阿弥陀如来様……」

「三世がこの円通寺にはおわすのですね」

「さよう。三世一切佛に、円通寺は護《まも》られておる。玉島も護られておる」

「和尚様……」良寛の瞳《め》が輝きました。

「和尚様、『南無三世一切佛』でございます」

「さよう、『南無三世一切佛』じゃ。過去も現在も未来も、お護り下さっているのじゃ」

薬師如来　（過去をお護り下さる仏様）
釈迦牟尼仏（現在をお護り下さる仏様）
阿弥陀如来（未来をお護り下さる仏様）
三世一切仏

良寛はあることに気付きました。

「和尚様、私がこの円通寺に初めて参りましたとき、お薬師様を観るようにおっしゃって下さったのは、私の過去を護って下さるように、と思って下さったからでございますか？」

国仙和尚はちょっと躊躇《とまど》いながら言いました。

「……そうじゃな、良寛。過去に何か過ちがあったとすれば、我々は必ずその報いを受けることになる。過去を洗い流すことができれば、また救われよう。そのためにわしも良寛も出家したのじゃ。そのご縁があったということじゃ。ならば、過去をお護りいただく機縁も、そなたに結んでやりたいと思ったのじゃ。過去があるから現在があり、現在があるから未来がある。続いておるのじゃ。過去、現在、未来へと。その道が白道であればこそ、お護りいただきたい」

「和尚様……、そのように思って下さっておられたのですね。今まで気付きませんでした。今日のことは決して忘れません」

国仙和尚は良寛の眼睛《ひとみ》を見て、頷いたのでありました。

円通寺での厳しい修行を続けていれば、必ず悟りに近づくことができる。平安な心を持ち続けることができる。迷いのない、強い心を、信じる心を持ち続けることができる。そう思い、良寛は一心に修行に励みました。

しかし、良寛はとてつもない悲しみに襲われることになります。それは、良寛が円通寺へ来て、四年目のことでございました。母、おのぶの訃報が良寛のもとへ届いたのです。捨ててきた故郷、振り切ってきたはずの母。良寛は心の中で動揺しました。苦しく、哀しく、やりきれない思いでいっぱいになりました。この世に、もう母がいないことが信じられませんでした。受け入れられないのです。嘘だ、嘘であってほしい。と心で泣きました。あの出雲崎の橘屋の家に今も母は、今も母は……。そう、あの家で今日も、立ち働いているはずだ。

良寛は頭の中で母のことを思い、惑い続けました。仏門に入ったのは、橘屋のことも、父のことも母のことも、自分の執着心もすべて捨て去るためでありました。良寛は、自分は修行中である、と自らに言い聞かせました。しかし、この心をどうすることもできませんでした。これが、人の迷いの心というものなのか……。


ぬぐいきれぬ哀しみを、良寛は生まれて初めて痛感していたのでした。

あんなに正直者で、前向きで明るくて、誰よりも家族のことを思って、優しさにあふれていたあの母が、こんなに早くみまかるなど、そんなことがあってはならぬ。仏様は本当におわすのか。良寛は両の手をぐっと握りながら、怒りに震えていました。

あんなに優しい母上を……。良寛は、遠く離れていても、自分が唱える一言一句が母の元へ、橘屋の皆へ届いていると信じていたのです。功徳が何も無いではないか。自分は何のために修行をしているのか。意味が、ないのか。

功徳は、無いのか。無功徳、だったのか。自分など、もう、どうでもよい。自分など、いてもいなくてもどうでもよい存在なのだ。意味の無い、くだらない人間だ。仏門に入っても、昼行灯にかわりは無かったのだ。

良寛は、迷いの渦の中にありました。

数日が経ちました。

国仙和尚は良寛を高方丈へ呼びました。

良寛は国仙和尚の前で閑かに座りました。国仙和尚は良寛が惑っていることを感じていました。苦しんでいることが手に取るようにわかりました。

「良寛、つらいことであったな」良寛は黙したまま、膝に目を落としていました。

「良寛よ、今、そなたの持つ心の闇は、わしには想像もできぬ。わかったような言葉をかけるつもりもない。そなたの心は、そなたにしかわからぬからな。今、良寛は人の運命が思いのままにはならぬことを恨めしく思っていることであろう。母を苦しめたのは自分ではないかと、自分を責めているのではないか？」

良寛はこぶしをかたくにぎりしめました。

「良寛よ、そなたは、名主見習いの頃、目の前の人を救いたいと思ったが、救うことができなかった。だから、出家したのじゃったな。人を救いたいと思って今日まで修行に耐えて来た。じゃが、今のそなたには、人を救うことはできぬ。何故だかわかるか？　そなたは、まだ、自分自身を救うことができていない。だから、まだ人を救うことができないのじゃ。そなたは、自分などどうなってもかまわぬ、と思うときがあるのではないか？　自分などつまらぬ存在だと……」良寛はうなだれていました。

「まずは自分じゃ。自分を救うことができなければ、人を救うことなど到底できはせぬ。まずは、自分を大切に思うことじゃ。自分を大事にすることじゃ。自分の身体は自分だけのものではない。それに気付き、自分自身を先ず、救わねばならぬ。心を救わねば」良寛は国仙和尚の顔を見ました。

「わしは、幼いときに両親に先立たれた。ほとんど顔を覚えてはおらぬ。母のぬくもりを知らぬ。どんなにあたたかいのであろうか、経験がないからわからぬのじゃ。しかし、それを想像する力が人にはあるのだと、師匠の全国和尚はおっしゃられたのじゃ。求めても求められぬものを懸命に想像するとき、そこにはいのちのきらめきがある。眼睛《ひとみ》にやさしさが宿り始める。そのとき、想像するという力が、自分自身を支える大きな杖となるであろう、と全国和尚がわしにおっしゃって下さったのじゃ。自分を大切にしなさい、と。人の喜びを想像し、共に喜ぶことのできる自分になりなさい、と。そして、悲しみを想像し、寄り添うことのできる存在になりなさい、と。その為には、まず、自分の嬉しいことを素直に喜び、自分の悲しいことをそのまま悲しむ。悲しいときには泣き、楽しいときには思い切り笑うのじゃ。そのまま、騰々任運じゃ。のぉ、良寛。自分を大切にしなされ。もっと自分に優しくなりなさい。自分を素晴らしい存在だと気付きなされ。そなたのいのちは輝いておる。輝いておるのじゃ。そなたが自分自身の輝きに気付いたとき、そなたの周りの人々は、自ずと救われてゆくのじゃ。それが周円融通《しゅうえんゆうづう》なのじゃよ。良高和尚のお付けになられた円通の名は、この言葉からきておる。そういう名の寺へ来たのも、良寛よ、そなたの持つご縁なのじゃ。円通寺がそなたを導き、そなたもここを求め、導かれたということじゃ。そなたはいずれ、元の自分に立ち返る日が来よう。そのときが、そなたの本当の姿じゃ。戻りなさい。本来の自分へ。よいか、そなたの役割は、そなたにしか出来ぬ大きなことじゃ。大切な役割がそなたにはある。まだその役割を良寛自身は気付いてはおらぬ。そなたが思っている以上に、そなたの役割は大きいのじゃ。右へゆくか、左へゆくか。そんな小さなことではない。もっと大きな、偉大なことじゃ。わしにはそう思えてならぬ。そなたは、想像もせぬほどの大勢の人々を救うことになるじゃろう。わしは、その日を楽しみにしておるぞ、のぉ、良寛」そう語りかけ、微笑まれたのでありました。

「良寛よ、あのお地蔵様のことをどう思うか？」

高方丈の内仏壇にある良高和尚の大切にしておられたというお地蔵様。

良寛はまっすぐに、その小さな石のお地蔵様を見ました。

「良高和尚の大切にしておられたお地蔵様のことでございますね。あのお地蔵様を初めて見せて下さったあの日、私は初めて国仙和尚様と『南無 阿弥陀仏』と名号を唱えさせていただきました。あのときに、お話し下さった良高和尚のお地蔵様を忘れたことは一度もありませんでした」

「さようであったか。あのお地蔵様は、念持《ねんじ》仏《ぶつ》じゃ。良高和尚が毎日のように両の手でやさしく包み込み、念じておられた、大切なお地蔵様じゃ。わしはな、良高和尚は、この閑かなお地蔵様を父かとぞ思い、母かとぞ思いして、毎日接しておられたのではないかと、そう思うのじゃ」

「和尚様……」

良寛にはわかりました。国仙和尚は幼いときに、父も母も亡くしておられるのです。国仙和尚も、きっとこの念持仏のお地蔵様を、父かとぞ思い、母かとぞ思いして、念じておられたのです。良寛は、国仙和尚の言葉を聞いて、そのお地蔵様が急にあったかい、慕わしい存在に思い始めました。

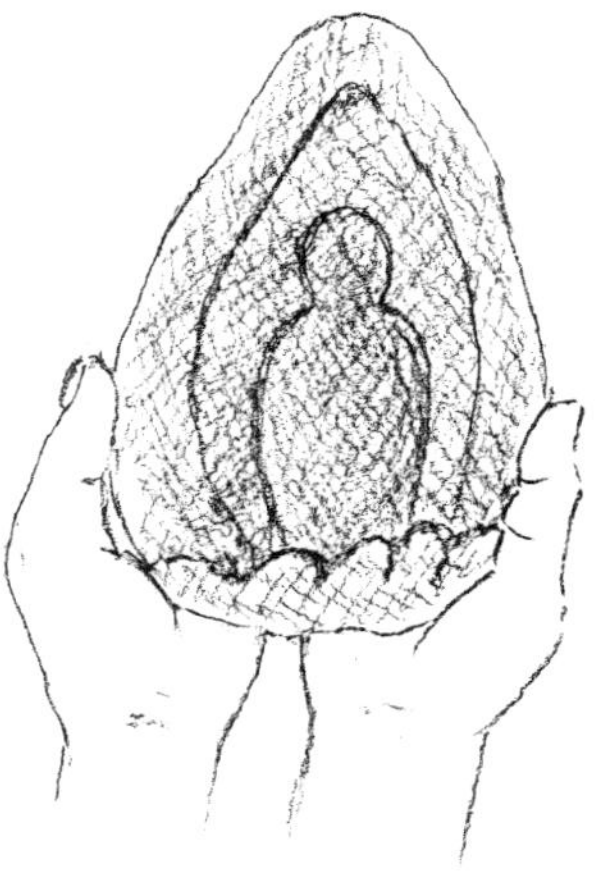

良高和尚の念持仏
石の枕地蔵

「掌《たなごころ》に収まる温かいお地蔵様じゃ。良寛も、このお地蔵様を手にしてみるがよい」と国仙和尚は良寛の両の手に、そのお地蔵様を乗せました。「父かとぞ思う、母かとぞ思う……」

良寛は全身を震わせながら、いつまでもいつまでも、泣いていたのでありました。

翌 天明《てんめい》四年（一七八四年）正月、円通寺では大きな出来事がありました。玉島新町《しんまち》の東《ひがし》綿屋《わたや》 中原理左衛門《なかはらりざえもん》の寄進による石書般若塔《せきしょはんにゃとう》の建立です。数年来、天明の大飢饉で日本中が疲弊している中、天明三年（一七八四年）夏の浅間山の大噴火が日本中に深刻な被害をもたらしていました。飢饉、疫病が日本各地に広がり、玉島も同様、飢饉や疫病で多くの方が亡くなられたのです。玉島新町の東綿屋 中原理左衛門は玉島の人々を救いたい一心で石書般若塔の寄進を円通寺の国仙和尚に願い出たのでした。分家の西綿屋 中原利右衛門は阿《あ》弥陀山《みだやま》の羽黒神社《はぐろじんじゃ》へ石門を寄進しました。

石書般若塔とは、平たい面のある石を洗い清めて一字一字 経文の漢字を楷書で書いた経《きょう》石《せき》を石塔の下に埋めたものです。一字一石（又は多字一石）で写経されます。この度の石書般若塔は高梁川《たかはしがわ》の清流で洗われた小石に「大般若経」六百巻が書写されました。

「大般若経」とは、「大般若波羅蜜多経《だいはんにゃはらみったきょう》」のことで、約五〇〇万字、全六〇〇巻の仏教の経典です。玄奘三蔵法師（六〇二〜六六四年）が顕慶《けんけい》五年（六六〇年）の元旦から四年余りの歳月をかけて漢訳したもので、「色即是空　空即是色」が説かれています。一切の存在は全てが「空」であり、「般若（智恵）」によって人が本来持っているという力を最大限に引き出すことが出来るというのです。

玉島などの多くの僧、尼、善男、善女の篤志《とくし》により浄書《じょうしょ》せられた「大般若波羅蜜多経」の経石が準備されました。良寛もその一人として筆をとりました。

良寛はこの石に経文の漢字が書写されることにより、輝く石になり、多くの人をお救い下さいますように、と願いました。火の石、火石《ほいし》は星《ほし》の語源です。今の玉島には、そして今の良寛には、星のような輝きが必要でした。「星浦観世音菩薩様、何卒お護り下さいますよう」良寛は丹田《たんでん》に力を込め、石に漢字をしたためたのでした。石書般若塔は一人ひとりの願いが込められ、建立されました。

良寛は「般若の風」を感じました。この清らかな風により「七難即滅《しちなんそくめつ》」「七福即生《しちふくそくしょう》」とならんことを、心の底から願ったのでした。

寛政二年（一七九〇年）の冬、国仙和尚は良寛に印可の偈頌《げじゅ》を示しました。良寛三十三歳の冬。寒い日であったそうです。国仙和尚から、良寛と真如庵主《しんにょあん》の義提尼《ぎていに》は高方丈《たかほうじょう》へ来るように言われておりました。国仙和尚は、この前から少しお加減がすぐれないので、良寛は毎日心配しておりました。良寛だけではありません。兄弟《きょうだい》弟子、皆が心配しているのでありました。きっと高方丈の床《とこ》に臥《ふ》せっておられるにちがいありませんでした。良寛と義提尼は身を清めて、高方丈へ参りました。良寛は戸口の前に座り、ひとつ息をととのえ、声を掛けました。

「只今《ただいま》参りました」

良寛は閑かに戸を開けました。

何と、国仙和尚は身なりを整え、いつもの柔和な笑顔で端座しておられたのです。良寛と義提尼は部屋に入りました。

経机《きょうづくえ》の上には二枚の紙が広げてありました。

『もしや……』良寛は、はっとして国仙和尚のお顔を見つめました。

国仙和尚はその通りじゃよ、と言わんばかりに、ゆっくりと頷《うなず》くのでありました。

「印可の……印可の偈で、ございますか」良寛は心が震えました。良寛と義提尼の印可の偈がそこにあったのです。

「和尚様、この印可の偈を、そんな御体調の中、筆を取ってくださったのですか」

「ん。さようじゃ」そうお答えになるお声は存外に小さく、良寛は涙が、腹のそこからあふれてきました。

その偈頌は、「良寛庵主に附す」ではじまっております。

良寛庵主《りょうかんあんしゅ》に　附《ふ》す
良寛庵主に　与える

良也《りょうや》　愚の如く《ぐのごとく》、道《みち》　転寛し《うたたひろし》
良寛や、汝は愚の如く、悟りの道は、なおいっそう　心広くゆったりとしている。

騰々任運《とうとうにんぬん》　誰か《たれか》　看ることを得ん《みることをえん》
意気高く、あるがままに任せる、その真の姿を誰が見抜くことができるであろうか。

為に附す《ためにふす》、山形《さんぎょう》　爛藤の杖《らんとうのつえ》
よって与える、　山から切り出してきたままの藤の杖を。

到《いた》る処《ところ》、壁間《へきかん》、午睡《ごすい》に閑《しずか》なり
到るところで、壁間（土の壁）に向かって禅を組む時も、午睡（昼寝）の時も、いつも閑かな姿である。
寛政《かんせい》二《に》 庚戌《かのえいぬ》 冬《ふゆ》
寛政二年（一七九〇年） 庚戌歳の 冬
水月《すいげつ》 老衲《ろうのう》 仙大忍《せんだいにん》
水月庵主 老僧 国仙大忍

この偈頌の意味は、

良寛庵主に与える

良寛や、御前はあたかも愚人のようじゃ。しかし、そなたの悟りの道はどんどん転《てん》じ、いっそうゆったりと寛《ひろ》がってゆくであろう。騰々任運、あるがままにあるがままを任せる、その真の姿を誰が見抜くことができようか。よって、そなたに与えようと思う、山から切り出してきたままの、そのままの藤の杖を。そなたの行き着く処では、土の壁に向かって禅を組むときも、昼寝をするときも、お前はいつも心が閑かなのであろう。

あたかも、良寛に話しかけているような偈でございました。

良寛はすぐにわかりました。

国仙和尚が自分の姿を、寒山拾得に重ね合わせて詠んで下さっていることを。

そして「転《うた》た寛《ひろ》し」と詠み、良寛のこの眼睛《ひとみ》に宿る輝きが、人々に安心をもたらすであろう、と予祝《よしゅく》して下さっていることを。

十八歳の良寛が、出家を決意した根底にある思い。

今の自分には、今目の前にいる人、一人を救う力すら無い。修行して、いつか、目の前にいる人々の心を救いたい。

国仙和尚から受け取った心の中の華で、目の前の一人を救うことができる。

それが、無理に救おうとするのではなく、寒山拾得のように、自然な姿で、そこにいるだけで救うことができる。そんな自分になれたら……。

国仙和尚から受け取った大切な心を、目の前の一人にも授けることができたら、それが、「転《うた》た寛《ひろ》し」。一人に広がれば、二人に、三人にと広がってゆく。そこに拈華微笑の心があれば。カラッと晴れた青空を、国仙和尚は良寛に授けようとしたのでした。

高方丈の内仏壇には、良高和尚の大切にしておられた石地蔵様が閑かに坐っておられます。国仙和尚は、印可の偈を手にする良寛と義提尼に向かい、にこりと笑ったのでした。その笑顔につられ、良寛も義提尼も思わず破顔《はがん》微笑《みしょう》したのでした。

良寛はその日から覚樹庵《かくじゅあん》主となりました。覚樹とは、菩提樹のことです。お釈迦様が明けの明星を見上げ、悟りを開いたのはこの樹のもとに坐していたときのことでした。苦行では悟りを得ることができないと知ったお釈迦様が太陽の光、月の光、星の光、風の音、さやぐ木の葉の音を感じながら閑かに坐したという菩提樹。その樹の名を持つ覚樹庵の庵主、大愚良寛なのでございました。

新しき庵主として一人坐し、辺りを見回しました。部屋の机の上には国仙和尚からいただいた印可の偈、壁には山形爛藤《さんぎょうらんとう》の杖が立てかけてあります。窓の外には竹林が風を受けてさらさらと音をたてているのでした。庭前には椿の樹があり、その向こうには蓮の池もあります。そこへ鐘の音がすぐそばに聞こえてきました。

良寛は、いつか国仙和尚がおっしゃっておられた言葉を思い出しました。

「何故、仏法を学ぶのか。良寛は常に考えていることであろう。色々と答えはあるのやもしれぬが、最も大切なのは守破離《しゅはり》の心だと思う。先ずは師匠の導きにしたがって懸命に学び取る。自分の五感を研ぎ澄ませ、体で覚えてゆく。それが叶ってきたら、今度はそこを破る。実際には自分で破ろうとするのではなく、自然と破れておる。そして守破離《しゅはり》の離、離れる、じゃ。帆に風を受け、自分の力で前に進むことになる。しかし、そのときに初めて、己の力の無いことに気付くであろう。だから、ここからが本当の出発となる。自分で学んでゆかねばならぬ。目の前のことに即しつつ、言葉をつむぎ、行ってゆく。

馬には乗ってみよ、人には添うてみよというが、人に添うとはどういうことか。実際に接してみなければ到底分からぬ。一心に信じて前に進まねばならぬ。そうして、いつの日か真心が通じる時、心迷い、苦しんでいる人に、自然と手をさしのべることができるようになろう。

それが仏法を学ぶことじゃ。眉間にしわを寄せてでも懸命に頑張ることじゃ。しかし、実際には眉間にしわを寄せていたのでは人は安心せぬ。眉間にしわを寄せ、目をひきつらせた人に誰が助けを求めよう。理屈では人は救えぬ。何が必要なのか。自分には何ができるのか。懸命に学び、自分自身に問い、七転八倒して考え抜いたその先に、その答えが自ずと見えてこよう。

困っている人を目の前にして、ふと口をついて出てくる言葉。救わんとして思わずさしのべている手。それは長年苦しみながら修行してきた日々によって、ある日、ある瞬間、現れる。偶然のように思えるが、実はそれは長年の修行によるのじゃ。

そなたが背負った苦しみや哀しみ、心の奥の闇の深さは、誰にもわからぬ。しかし、だからこそ、慈悲深き、人を救うあたたかな心へと、鮮《あざ》やかに転じて行くのじゃ。いずれ、必ずその日は来る。この世に生きている以上、苦しみや困難、辛いことや哀しいことは誰の身にもおこる。嵐の時には恐ろしくて寝られぬこともある。しかし、嵐が去ったあとは、何事もなかったかのように、からりと晴れる。むしろ、雨や風に洗われて澄み切った青空となるのじゃ。

人も同じじゃ。人知れず涙を流す日々がある。苦しみに耐え抜いたそのあとには、澄み切った晴々とした表情がそこにはあろう。眉間のしわが消え、にこりと笑顔になるであろう。その内に、自分を俯瞰《ふかん》して見ることが出来るようになり、さらに騰々任運《とうとうにんぬん》の境地に至るであろう。

懸命に力《りき》んだことの無い者に、力を抜くことは出来ぬ。今是《いまこ》れ渾身《こんしん》の力《ちから》を込め、地道《じみち》に歩み続ける者にしか、力《りき》みを和らげることは出来ぬ。その、ふっと力を抜いたところが、即ち無意識と言うのじゃ。無意識に良き言葉を発し、良き行いを行ずる。それは懸命に苦しみ抜いたその先で、転じているから出来ることなのじゃ。真心のある一言、誠実な救いの手、それがたった一度のことであったとしても、人は救われる。

自分が転じておるから、周りの人も自ずと転じてゆく。常にそういう姿であれば、やがて、そのような人格となる。そのような人格を備えた人には会うだけで皆、安心《あんじん》する。周りじゅうが明るくなる。ほっと力の抜けたところに笑顔が生れる。それが巧《たく》まざる自然の姿というものじゃ。そうした、ささやかなことの積み重ねが、運命をも大きく変えていくことであろう。

そういう人物にわしはなりたいと思っておる。良寛にも、そういう人物になって欲しいと願っておる。……否《いな》、良寛はもうこのわしを越えておろうな。とっくにそのような人物になっておる。良寛は、そうなるべくして仏門に入ることになったのじゃろう。今頃は、そのように思えてならぬのじゃ。良寛が転じ続け、寛《ひろ》がり、自然と周りも転じてゆく。良寛が笑えば、周りも皆笑う。何もせんでも、そこに居《お》るだけで、皆心が清らかになってゆく。いつかそんな輪の中心にいる良寛の姿を見てみたいものじゃ。空《そら》を見よ、良寛。やまぬ雨は無く、晴れぬ空は無い。……綺麗《きれい》な空じゃ。のぉ、良寛」

覚樹庵の中は閑かです。良寛は独《ひと》り、潤む目を空に向けました。

「やまぬ雨は無く、晴れぬ空はない……か」国仙和尚の数々の言葉を心の奥に秘め、そのあたたかき心遣《こころづか》いに感謝しながら、覚樹庵主として、ゆるゆると新しい日々を送り始めたのでした。年の瀬、鶯の笹鳴《ささな》きを耳にし、春になれば椿の花が咲くであろう、と胸が高まるのでございました。

年が改まりました。春が来て、鶯がさえずりはじめました。。

寛政三年（一七九一年）、三月十八日、国仙和尚は、円通寺のご本尊、観音菩薩の縁日の夜、高方丈にて示寂されました。このとき、良寛は三十四歳でした。

良寛は翌年の、とある天気の良い日。夜明け前、白華石のある山頂へ一人であがりました。円通寺へ来てから、国仙和尚や兄弟子達とたびたびあがったところでしたが、その日、白華石の側で良寛は一人で禅を組みに来たのでした。

夜空には無数の星が瞬《またた》いているのでありました。東の空には、明けの明星が真っ直ぐ光っておりました。良寛はゆるやかに空を見上げているのでありました。無数の星たちが見えなくなり、明けの明星のみが残っていました。良寛は明星を見つめました。

「国仙和尚様」手を合わせ、般若心経を唱え始めます。

「……ぎゃーてー　ぎゃーてー　はーらーぎゃーてー　はらそうぎゃーてー　ぼーじーそわかー」深く一礼します。

「母上……」なおも、星をじっと観続けました。

良寛は母の言葉をふっと思い出しました。良寛がまだ、栄蔵という名であった頃に母がよく言っていた言葉でございます。

『栄蔵や、辛抱《しんぼう》しておれば、いつか必ず辛抱の花が咲きます。きっと良い方へ行くのです。天に向かって何卒《なにとぞ》お護《まも》り下さい、と掌《たなごころ》を合《あ》わせて念じていれば、観音様は必ずお聞き下さいます。念ずれば通ず、念じるのです』

「そう言って、いつも母は両の手をふわりと合わせておられたのです。私もつられて手を合わせておりました。私はその頃こそ、無心に手を合わせ、信じていたような気がするのです。念ずれば通ず、と。観音様は必ずお聞き下さるのだと。母は一緒に手を合わせる私に、

『掌《たなごころ》は手の心。左の手の心と右の手の心、二つの手の心を合わせることによって、二心《にしん》なき真心《まごころ》となり、一心となるのです。念ずれば通ず、の念は今の心です。今の心を大切に、栄蔵よ、一心に念じ続けなさい』と強く言って下さっていたのでした。」

「そんな母に私は背を向け、越後から玉島へと遠く離れて来てしまった。私は出家し、父も母も、弟も妹も、全てを捨てたのだった。そんな私のために、母は、ずっと念じ続けて下さっていたのかもしれない。『お護り下さい』と、掌《たなごころ》を合わせて。この思いは必ず通ず

る。必ず思いは届くのだと。場所を越え、時を越え……、必ず通ずるのだと。心からそう信じて、母はずっと私の為に掌《たなごころ》を合わせ、念じ続けて下さっていたのではないか。私は、自分が如何に修行できるかを、そればかりを考えていた。でも、母はそんな私のことを祈り続けて下さっていたのではないか」

良寛は理屈ではそうかもしれないとは思っていましたが、今、そんな母の姿を心に思い浮かべ、瞳《め》が潤んできたのでした。遠い所で修行を行っているであろう子の為に、両の手を合わせ、一心に信じて祈る母の尊い姿を……。

良寛はその瞬間、何かを観じました。

と同時に、明けの明星がひときわ輝いたのです。

良寛は、「あっ」と思いました。体中がその光で満たされるのを感じたのです。

「そういうことだったのか」良寛は腑に落ちました。

「人の命は、一瞬一瞬、きらめいている」と。

自分のこの命も、大切な命であることに気付いたのです。

母から受けしこの命は、かけがえがないのだ。

だから、自分自身が救われなくてはならない。それこそが、母の本当の願いだったのだ、と。

笑って、精一杯の命を生きておくれ、と母はずっと遠くから語りかけてくれていたのだ、と。良寛は、不思議とあたたかくその言葉を心で受け止めたのでした。そして、良寛は忘れていた何かを、思い出したのです。母のやわらかな笑顔、弾むような声。手毬をつく母の姿。手毬唄《てまりうた》をうたう母の声。それはいつも春の日だったことを。

「春を私は随分忘れていたのだ。心が春であれば、いつでもあたたかかったのだ。心に陽だまりさえあれば、人の心はあたたかくなれる」いつの間にか、良寛の心はあたたかくなっていきました。失っていた元の自分の心、栄蔵と呼ばれていたあの頃の、自分の心に戻ることが出来たのです。

「今、私は生きている。これこそが尊いことなのだ。そこに気付くことができたなら、命の輝きを取り戻すことができるのだ」と。「在るべきように在る。騰々任運。平らかに、本来の自分に戻る。それが、一心に信じる心なのだ」と。

明け方《あけがた》の空《そら》。ある瞬間、その明星が姿をすっと消しました。良寛は「善《よ》き哉《かな》……」と呟《つぶや》いたのでした。

太陽の姿はまだ見えないけれど、あたりは明るくなってきました。木々の枝一本一本が見えます。小鳥が枝から枝へと渡るのが見えます。向こうの山の稜線《りょうせん》がくっきりと見えてきました。その真ん中から太陽が昇ってくるはずです。向こうの山とこちらの山の間には玉の浦の水面《みなも》が見えます。太陽の光に照らされてきらきらと、きらきらと輝いています。

心閑《こころしず》かに耳をすませると、鳥のさえずりが聞こえてきます。あの鳥の声、この鳥の声、また違う鳥の声が。すっと、どの鳥も鳴かぬ一瞬があり、またあの鳥の声、この鳥の声、と聞こえてくる。

少しずつ太陽の橙色《だいだいいろ》の光が強くなり始めました。白い雲が東の空を覆っています。その白雲は黄金のような橙色に照らされ、ところどころが躑躅色《つつじいろ》に染まっていました。雲があるから、このような躑躅色が現出したのです。

陽が上がってきました。玉の浦の水面が橙色に煌めいています。良寛の近くにある木々も葉っぱも光を受けています。良寛は瑞々《みずみず》しいと思いました。ほどなく陽が昇り、白華石がきらきらと輝きました。良寛は白華石の煌めきを、自分の命の光と重ね合わせて観ていたのでした。

「また、歩き出そう。一歩、前へと」

その日、良寛は玉島の町に托鉢に出ました。

修行していた頃も托鉢には出ていましたが、今日は景色が違っているような気がします。いつも目にしていたものが、それまでと違い、きらきら輝いて見えるのです。良寛は鉢の子を手に、一軒一軒、唱えながら托鉢に回りました。

道端には、おはじきをする子や手毬をつく子がいました。玉島の町には、おはじきをしたり手毬をつく子供がこんなにもいたのか。良寛は十数年玉島で暮していながら、そのことに初めて気が付いたのでした。今までは、そんなことが目に入らなかったのです。その子供たちに初めて出会ったような気がしました。

そう思って歩いていると、道端にも原っぱにも、実に多くの子供たちがいます。「今まで、どうして気付かなかったのだろう」と不思議に思えるぐらいでした。良寛はそんな子供たちを横目で見ながら通り過ぎました。その顔はわずかに笑みをたたえていました。

別の日。また托鉢に出ました。良寛は春の陽ざしを浴びながら、ゆっくりと歩いておりました。足元に菫の花が咲いていました。

ある町を歩いていたとき、良寛は足を止めました。一人の女の子が道端でしゃがんでいたのです。どうも、泣いているらしい。良寛は通り過ぎようとしました。どうしたらよいかわからないのです。良寛は足早に通り過ぎました。しかし、どうしても気がかりで仕方ありません。足を止め、また、引き返しました。けれど、やはり、声をかけることが出来ません。

女の子は人の気配を感じたのか、ふいに顔を上げました。その女の子は泣いていました。良寛は引き返してきたことを後悔しました。どうしたらよいのだろう……。良寛はほとんど無意識に、懐の手毬を差し出していました。

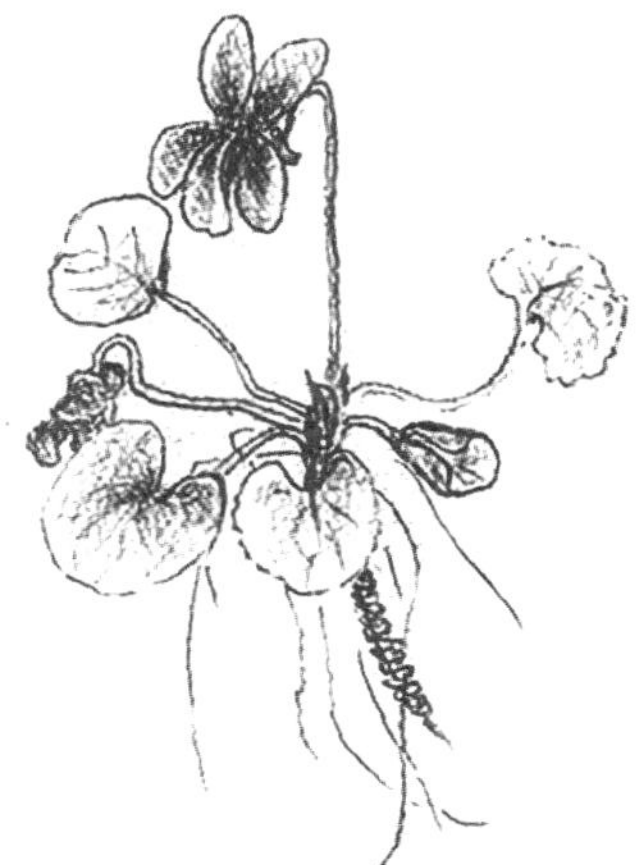

すみれの花

この前の托鉢のときに、手毬をつく子供たちを見て、自分もつきたくなっていたのでした。

良寛はとっさに「一緒に、手毬をつかんかえ?」と言っていました。女の子はきょとんとしています。

良寛は近くの石に鉢の子を置き、腰を落として手毬をつき始めました。「一二三四五六七《ひーふーみーよーいーむーなー》」と囃しながら。

ぽん、ぽんと手毬をつきながらうたいます。意外に難しいものだな、と良寛は思いました。自分が子供の頃は、こんなに難儀《なんぎ》をしなかったはずだったが。

もう一度、手毬をつきました。「一二三四五六七《ひーふーみーよーいーむーなー》」と。中々うまくいかないな。もう一度。もう一度。と良寛はだんだんむきになってきました。女の子は、突然「私も手毬をつきたい」と言いました。良寛はびっくりして女の子の顔を見ました。実は、良寛は女の子の存在を忘れていたのです。「おぉ、すまぬ。そなたのことを忘れておった。つい夢中になってしまったわい」と我ながら可笑しくなりました。その女の子も笑い出しました。

良寛は手毬を手渡しました。「私の番ね」と言って女の子は手毬をつき始めました。

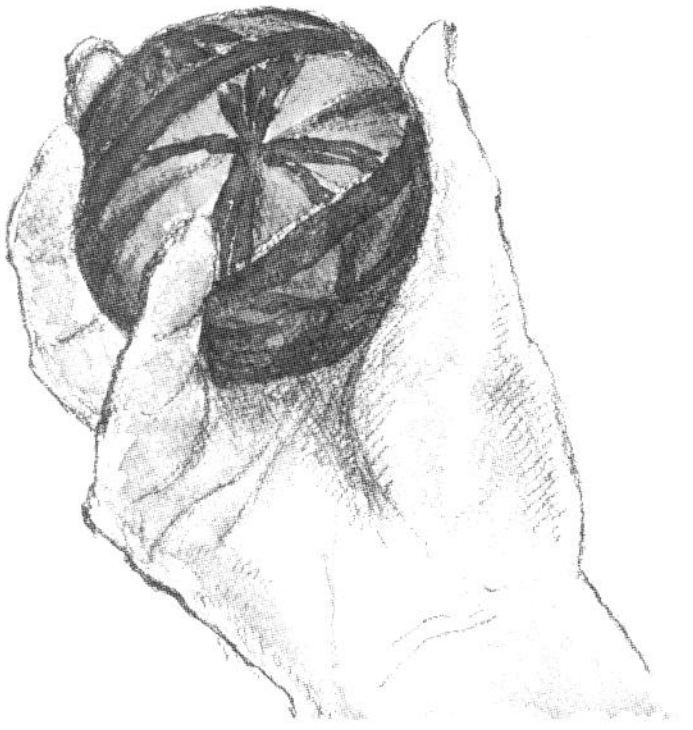

「一二三四五六七《ひーふーみーよーいーむーなー》」と良寛がうたいました。「けっこう上手じゃな。次はわしの番じゃ」と良寛はまた自分もつき始めました。「一二三四五六七《ひーふーみーよーいーむーなー》」と女の子がうたいました。

次々代わり番こに、手毬をつきました。良寛は夢中になっていました。女の子も自分が何故泣いていたのかも忘れて、夢中で手毬をつきました。

気付くと、夕暮れになっていたのです。良寛はときの経つのを本当に忘れていたのです。この日、良寛は「手毬をつく」とはこういうことだったのだ、と改めて識ったような気がしました。

手毬をつくときだけは、大人も子供も無心になれるのです。童心に帰ることができるのです。元々持っている、童心。仏心に。それを、良寛はこの女の子から教えられたのでした。

手毬一つで涙を乾かせることができるのです。女の子はにこっと微笑みました。良寛はその笑顔につられて、自分も笑顔になったのです。

騰々任運《とうとうにんぬん》、これがまさに騰々任運《とうとうにんぬん》だったのです。良寛は人を救おうとばかり思っていました。実は、そうではなかったのです。騰々任運《とうとうにんぬん》の心が必要だったのです。

ふわりとした笑顔。風にふかれるままに任せるゆるりとした心が。「まずは自分を救いなさい」と国仙和尚はおっしゃいました。自分も救われなければ、人を救うことはできない、と。

無意識に手毬を懐《ふところ》から出した時、良寛はあるがままの心でした。「そうか。このままの、あるがままの姿……か」良寛はこの時に、聖《ひじり》へと転《てん》じたのかもしれません。

「うたた」、転じた姿。慈愛の微笑み。騰々任運《とうとうにんぬん》、あるがままの姿でございました。そこには、あたたかき陽だまりがありました……。

8　その後の良寛さん

薩婆訶《そわか》とは幸《さち》あれ、とか弥栄《いやさか》の意味で、真言などの最後に添えられます。

般若心経の最後の部分は真言です。

　羯諦《ぎゃーてー》　羯諦《ぎゃーてー》　波羅羯諦《はーらーぎゃーてー》　波羅僧羯諦《はらそうぎゃーてー》　菩提《ぼーじー》　薩婆訶《そわかー》

　ぎゃーてー　ぎゃーてー　はーらー　ぎゃーてー　はらそうぎゃーてー

　ぼーじー　そわかー

「薩婆訶《そわか》」で締めくくられます。サンスクリット語では少し発音が違います。

　ガテー　ガテー　パーラガテー　パーラサンガテー　ボーディ　スヴァーハー

日本に最初に入って来た「般若心経」は、玄奘三蔵《げんじょうさんぞう》が漢訳したものです。中国から天竺へ命がけで旅をし、再び中国へ帰ってきてから『大唐西域記《だいとうさいいきき》』を著《あらわ》した高僧です。明時代《みんじだい》の小説『西遊記《さいゆうき》』には、三蔵法師《さんぞうほうし》（玄奘三蔵）が孫悟空《そんごくう》と猪八戒《ちょはっかい》と沙悟浄《さごじょう》と一緒に妖怪を退治しながら天竺に行く話になっています。

現実の旅は厳しく、大変なものでした。

六二九年秋、玄奘が二十七歳のときに唐（中国の当時の名）を出立《しゅったつ》しました。当時、唐は国外へ出ることを禁じていて、その国禁《こっきん》を破っての出立でした。

玄奘は十三歳から僧侶になり、仏典を勉強してきましたが、どうも腑に落ちなかったのです。特に「瑜伽《ゆが》師地論《しぢろん》」の真実を知りたいと思うようになります。

仏教は紀元前五〇〇年頃に、インド（天竺《てんじく》）でお釈迦様が開いたものです。だから仏教の発祥の地、天竺へ行って、本当のところを知りたい、と思うようになっていたのでした。不可能かと思えるような中、天竺へ旅立ちます。

旅の最初の頃、玄奘三蔵はある病身の僧侶を看病することになりました。そのお礼にその僧侶は一巻《いっかん》の経典《きょうてん》を玄奘三蔵に手渡《てわた》します。それが「般若心経」であったというのです。必ずや、あなたを護《まも》ってくれるであろう、と。

般若心経の最後の部分は漢訳されたときも、元のサンスクリット語のまま、漢字が当てられました。

掲帝《ぎゃーてー》　掲帝《ぎゃーてー》　波羅掲帝《はーらーぎゃーてー》　波羅僧掲帝《はらそうぎゃーてー》　菩提《ぼーじー》　僧莎訶《そわかー》

玄奘三蔵法師
天竺へ旅をしました

ガテー　ガテー　パーラガテー　パーラサンガテー　ボーディ　スヴァーハー
往きし者よ　往きし者よ　彼岸へゆきし者よ　彼岸へ完全にゆきし者よ　悟りよ　幸あれ

この部分は、サンスクリット語の発音のままです。

呪文のようなこの言葉が、当時、天竺（インド）でも、言葉の意味ではなく、この言葉を唱えることが大事とされていたからだと言います。

この部分を唱えると、必ず護ってくださるのだと。


玄奘三蔵は天竺へ行き、そこで学び、仏典を持って帰るまで、唐へは帰らない、東へは歩みの方角を向けない、不東《ふとう》の志を立て、痩せた馬一頭と孤独な旅に耐え続けました。

延々と続く砂漠で、水の入った皮の袋を落とし、水が全てこぼれてしまったことがありました。玄奘三蔵も馬も、倒れ、もうこれまでかと思ったとき、玄奘三蔵は懐の一巻の巻物を取り出します。

この巻物は、あの僧侶から手渡された「般若心経」でありました。

それを開き、一心に唱え、そのまま玄奘三蔵は、眠ってしまいます。

すーっと涼やかな風を頬に感じ、目覚めると、不思議なことに倒れていたあの馬が立っていました。そして、あちらへあちらへと行こうとするのです。玄奘三蔵は、馬の足の向くまま、一緒に歩いて行きます。すると、その先には泉があったのです。馬も三蔵法師も夢中でごくごくと水をのみました。もうここまでかと思った玄奘三蔵と馬は、涼風と般若心経にすくわれたのでした。

玄奘三蔵は再び立ち上がり、一歩一歩、天竺へ向かいました。

幾多の困難を越え、やっと天竺、ナーランダー寺院《じいん》（那爛陀寺《ならんだじ》）へ着いたのは、六三六年、玄奘三蔵が三十四歳のときだったといわれます。

そこの最高指導者シーラバドラ、すなわち戒賢《かいけん》（五二九年～六四五年）に玄奘三蔵は、『瑜伽師地論《ゆがしぢろん》』を学びたいと告げます。戒賢は、その時、一〇六歳でしたが、玄奘三蔵のその言葉を聞くなり、次の話を伝えたといわれています。

三年前、戒賢は、ある夢を見ました。戒賢はずっと発作による手足の痛みに悩まされていたと言いますが、三年前には、食を断ち、自らの命を絶とうとするほどの痛みにおそわれていました。そんな中で見た夢には、三人の天人が現れました。その中の一人の黄金色《こがねいろ》

の天人は、

「なぜ、その身を捨てようとしているのか？　経《きょう》には、身《み》に苦《く》のあることを説《と》いてはいるが、その身から離れなさいとは説いてはいない。あなたは経論《きょうろん》を人々に宣《の》べ、人々を救いなさい」と言いました。

金色の天人は碧色《あおいろ》の天人を指し、観自在菩薩《かんじざいぼさつ》であると言い、また銀色の天人を指し、弥勒菩薩《みろくぼさつ》であると言い、自分のことを文殊師利菩薩《もんじゅしりぼさつ》であると名乗ったのでありました。続けて金色の文殊師利菩薩《もんじゅしりぼさつ》は、戒賢にこう言いました。

「そなたは空しく身を捨てようとしているが、それは世の利益《りやく》にはならない。『瑜伽師地論《ゆがしちろん》』をあまねく、まだ知らない人々に及ぼしなさい。そうすれば、そなたの身は安らかになるであろう。ある一人の支那《しな》（唐）の僧が、そなたから学ぼうと願っている。その者を待ち、これに教えるがよい」と。

戒賢はその金色の文殊師利菩薩《もんじゅしりぼさつ》に頷《うなず》いたのでした。

この夢から覚めると、それ以来、戒賢の病苦は嘘のようになくなったのです。戒賢は夢の中で金色の文殊菩薩様から、あなたは生きての役目があると言われたのです。唐から来る一人の僧に、そして多くの人々に教えを説き、心を救うという役目が。

それから三年が経ち、本当に唐から一人の僧がやって来たのです。それが、玄奘三蔵でした。玄奘三蔵もまた、ここへやって来るのに三年の月日だったという、不思議な一致がありました。

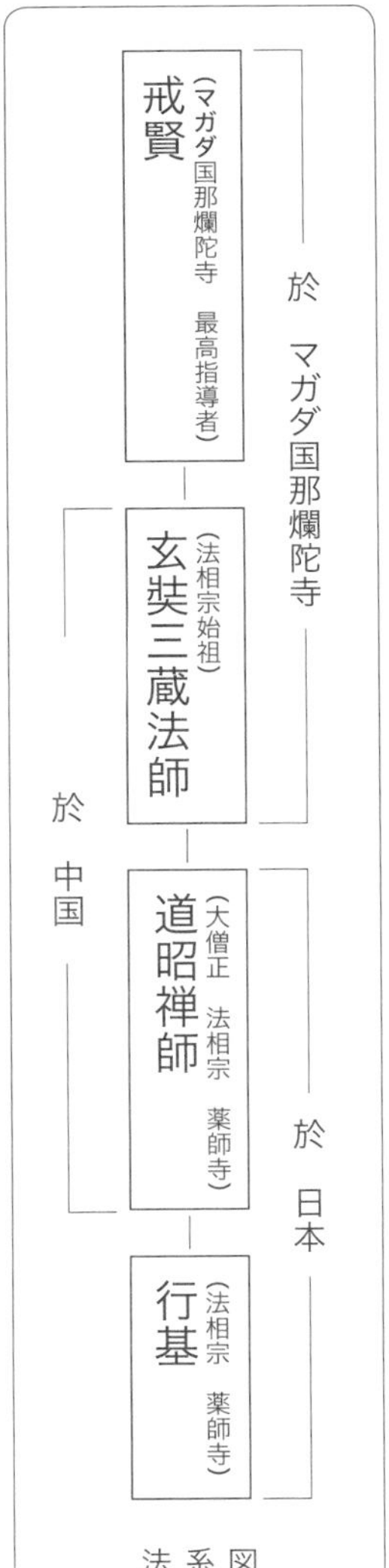

法系図

玄奘三蔵がやって来たこの那爛陀寺では、もう一つ不思議なことがありました。かつて玄奘三蔵が看病し、般若心経を手渡してくれた、あの僧がこの那爛陀寺におられたのです。驚く玄奘三蔵に、「われは観世音菩薩（観自在菩薩）である」と告げて、空《くう》に消え去ったのでした。

玄奘三蔵は不思議な力に護られ、導かれながら天竺へ行き、唐に帰ってきたのです。そして、あの般若心経を漢訳します。それが日本に入って来ました。良寛さんは、その般若心経をとても大切にしました。

般若心経は、人の苦しみは「色《しき》」にとらわれているからだと説きます。すべて「空《くう》」なのだと言います。「色」とは実体です。私たちは、物に囲まれ、人に囲まれ、ここに暮していいます。「色」に囲まれているのです。その「色」のせいで私たちは苦しみ、悩み、悲しむのです。

でも、私たちが「そこに在る」と思っているものが、実はその実体は「無い」のだとしたら。苦しみも、悩みも、悲しみも、「無い」のです。それは、真実が「空」だからなのです。迷いや、煩悩を持つ私たちが「無い」ことに気付くかどうかなのです。般若心経は、唱えるだけでそれに気付く力を得られる、そういう呪文《じゅもん》です。

ひたすら唱え続けるのです。一心に。信じて。それが般若心経です。

日本に入ってきてからずっと、遙かかなたから伝わった般若心経が、唱え続けられているのです。般若心経の最後にある「ぎゃーてー　ぎゃーてー　はーらーぎゃーてー　はら

そーぎゃーて　ぼーじーそわかー」は、すなわち真言《しんごん》。繰り返し唱える。ただ、一心に唱えるのです。それが、中国から天竺へ長い旅をしてまで求めた三蔵法師の伝えたかったことなのでした。

生前、国仙和尚はこんなことをおっしゃられたことがありました。

「般若心経の説く、『空《くう》』とは何か。わしは『空《くう》』とは『空《そら》』のことではないかと思う。『空《くう》』とは心が空《から》っぽになる、無の境地のことではある。しかし、どのようにしたら『空《くう》』の境地に行き着くことができるのか、それがわからぬ。わかったと思ったら、後でわかってはいなかったと知る、またあるとき、わかった、悟ることができたと思ったら、やはり、後でそうではなかったと知る。これを何度も何度も繰り返しておる。

とどのつまり、『空』とは何なのか、それはわからないということなのじゃ。わしは、識《し》ろうとしておった。その極意をつかむのが修行だと思っておった。しかし、そうではないのかもしれぬ。お釈迦様は、識ろうとして菩提樹のもとで坐り、考えを巡らされた。それでわかったことは、『なーんだ、そういうことだったのか』ということじゃ。識ったのではなく、腑に落ちたのじゃ。言葉にはできぬ、得《え》も言《い》われぬことじゃった。とても単純で、とても身近なことだったのじゃ。必要なのは、空《そら》をぼんやりながめることだったのじゃよ。ぼーっと見上げることが大事だったのじゃ。そしたら、心から、ほっとしたんじゃな。それで、なーんだ、そうだったのか、とお気付きになられた。自分のいのちがこんなにも輝いていることに。生きている甲斐があったと思ったのじゃ。

空《そら》には太陽があり、月があり、星がある。雲があり、風が吹く。からっと晴れた空《そら》の青さが『空《くう》』なのじゃ。達磨大師の『廓然《かくねん》』じゃ。降り注ぐ日の光が色《しき》であり、空《くう》である。日の光を受けて輝くわれわれのいのちが色《しき》であり、空《くう》である」

そこで国仙和尚は言葉を止めました。深い一息《いっそく》ののち、こうおっしゃったのです。

「そう思ったら、空《そら》の青さが身にしみたのじゃ。ぼーっと、青空を見上げて、ほっとして、嬉しくなったのじゃ。それは、心のどん底だったから見えた青さだったのかもしれぬ」

色即是空《しきそくぜーくう》　空即是色《くうそくぜーしき》

色《しき》からはじまり、空《くう》まで至ると、そこから転《てん》じ、色《しき》に戻ってゆく。

転《うた》たです。もうだめかと思ったところで、ぱっと良き方へ転《てん》じるのです。

下り坂は、下り切ったところで、必ず登り坂になるのです。

そのどん底に至るとき、翻《ひるがえ》り転《てん》じて、鮮《あざ》やかに復活するのです。

それが故に、腹の底に初めて生きる力が湧き上がってくるのです。

悲しみを越えて生きる力が。きっとその力があなたにはある。必ずや、あなたにはある。

それを信じ続けたい。……そう般若心経は伝えている。

色《しき》は、空《くう》へ行き、空《くう》から色《しき》へ戻る、その戻った色《しき》は最初の色《しき》とは違う。同じように見えても、もはや転じられた色《しき》なのです。しかも、元のところに戻らねばならぬ色《しき》なのです。

転じられた色《しき》にはいのちの輝きが有るというのです。その力を以《もっ》て寛《くつろ》ぎ、広《ひろ》げる。それが人を救う力になる。それを良高和尚は全国和尚へ、全国和尚は国仙和尚へ、国仙和尚は良寛へ、人から人へと伝えられてきたのです。

拈華微笑の心で。

それを受け取る力が、人にはあるのです。心の中に生きる力が、備わっているのです。

それに気付き、誰かに伝えようとするとき、よき心は転じ、寛がるのです。

「良寛よ、そなたは大愚じゃ。色即是空、空即是色と転じる力を持っておる」と繰り返し繰り返し、国仙和尚は言い続けました。

「良寛も識っておろうが、般若心経は色《しき》とは『眼耳鼻舌身意《げんにーびーぜっしんにー》』のことであるといい、それには『色声香味触法《しきしょうこうみーそくほう》』が対応しておる。般若心経では『眼耳鼻舌身意《げんにーびーぜっしんにー》』は無い、さすれば、『色声香味触法《しきしょうこうみーそくほう》』も無い、といっておる。それは同時に有る、ということじゃ。有るから無いのじゃ。『眼耳鼻舌身《げんにびぜっしん》』は五感のことじゃ。五感は確かにそなたにも、このわしにも有る。五感を磨かねばならぬ。人を導くには、五感を絶えず磨き続けねばならぬのじゃ。その上で、第六感を持つ」

「第六感でございますか」

「さよう。第六感は、勘のことじゃ。理屈ではないのじゃ。その勘は、理屈の奥にある。つまり、『眼耳鼻舌身《げんにびぜっしん》』という五感、色《しき》を越えねば空《くう》にはなれぬ」

「第六感……」

「わしは、いまだその力を備えてはおらぬ。だから今日も求めて旅をしておるのじゃ。行脚には、中々出ることはできなくなったが、心で旅をしておる。旅をして、得たいのじゃ。

その第六感を……」

国仙和尚がそう語られていたお姿を昨日のことのように良寛さんは思い出していたのです。

良寛も旅をして、求め続けていました。

覚樹庵から旅に出ては覚樹庵に戻り、また、旅に出る、そんな日々を送るようになっていたのです。その間の消息《しょうそく》は杳《よう》として知れないのでした。

ただ、土佐で良寛と思《おぼ》しき僧に会ったかもしれぬ、という人物がいます。

近藤萬丈《こんどうばんじょう》という旅と文学を心から愛する歌人です。

しかも萬丈は玉島円通寺の麓の庄屋 菊池家の出身でした。少年の頃、星を一晩中見続け、毎日を過ごすこともあったというような人です。後に『寝《ね》ざめの友』という随筆を残しましたが、時代が下り、それが越後 牧ケ花《まきがはな》の解良栄重《けらえいじゅ》（『良寛禅師奇話《りょうかんぜんじきわ》』の著者）へと伝えられることになったという不思議な奇縁《きえん》の書物です。

萬丈は土佐に旅をしています。寛政六年（一七九四年）のある日、萬丈は雨に降り込められ、困ってしまいます。宿を乞うたのですが、そこの宿の主が、一風変わった人物でした。そのことを『寝ざめの友』に記してあるのです。

その宿はいぶせき庵で、食べるものとて無く、風を防ぐべきふすまも無く、雨をしのぐ他には何も求めることは出来ないようなところでありました。僧と思しき宿の主は、最初に物を言ったきり、何も言わず、坐禅をするでもなく、睡るでもなく、阿弥陀仏と唱えるでもなく。何か話をしてもただ、微笑するばかりなのでした。この人は変わった人だと思いましたが、その夜は炉のふちに寝て、暁に目が覚めると、その僧も炉のふちに手枕して上手に寝ていました。夜が明けましたが、宵よりも雨が強く降っていたので、「せめて小雨になるまで宿を貸して欲しい」と申しますと、「いつまでなりとも」と答えたのは本当に嬉しいことでした。

庵の中に、この僧が書いたと思しき古詩の草書を見て、見事なることに驚きました。それで、持っていた扇を二本出し、賛を乞いました。一つは梅に鶯の絵、一つは不二（富士）の絵でしたが、ふじの絵の賛の末に、「かくいふものは誰ぞ　越州の産　了寛書ス」とあったのを覚えている、とあるのです。

翌日、空が晴れて日の光が輝いていました。麦の粉をお湯に溶いた物を食べさせて下さった時に、二宿のお礼にといささかの銭を差し出すと、「このようなものは何にしようか」と言い、受け取らない。引き換えて、紙と短尺を差し出すと、喜んで受け取って下さった、というのです。

この人物こそ、良寛かもしれないのでした。摩訶不思議な出来事でした。

良寛は諸国に行脚し、行った先々《さきざき》で閑かに修行を続けていたのでした。

しかしある日、良寛は思いも掛けないつらい知らせを受けることになります。

寛政七年（一七九五）、父 以南が京都の桂川で入水したとの報を受けたのです。良寛は三十八歳になっていました。深い深い悲しみに暮れました。翌年、良寛は覚樹庵を、円通寺を後にします。その後の消息は断たれました。

良寛がどこへ行ったのか、誰にも、わからないのでした……。

四〇歳になろうという頃、良寛さんは密かに越後に足を向けておられました。懐かしき出雲崎の生家へ足を運んだのでした。実は橘屋が大変なことになっているというのを風の便りで耳にしていたのです。あるいは、だからこそ、生家へ自ずと足が向いたのかもしれませんでした。橘屋の前で、良寛さんは絶句しました。荒れ果てていたのです。聞きしにまさる荒れ方でございました。その場をすみやかに立ち去りました。心は動揺し、その心の中には激しく風が吹きました。その気持ちはたまらず、一首の和歌を詠むことになったのでした。

来てみれば　我がふるさとは　荒れにけり　庭《にわ》も籬《まがき》も　落葉《おちば》のみして

良寛さんはさらに彷徨《さまよ》い続けました。

……そういえば、国仙和尚から手渡されたあの藤の杖はどうなったのでしょうか。良寛さんの詠まれたある漢詩が、それを物語っています。

円通寺を思い出し、詠まれた漢詩でした。「白蓮精舎《びゃくれんしょうじゃ》の会《え》を出《い》でて自《よ》り」で始まります。

白蓮精舎《びゃくれんしょうじゃ》の会《え》を　出《い》でて自《よ》り、
（東晋の慧遠ゆかりの）白蓮精舎とも言うべき円通寺を出てから

騰々兀々《とうとうこつこつ》として　此《こ》の身《み》を送《おく》る。
ゆったりと兀々として　この身を過ごしている。

一枝《いっし》の烏藤《うとう》　長《なが》く相随《あいしたが》ひ、
一枝の黒い藤の杖は（私に）ずっとついてきてくれた、

七斤《しちきん》の布衫《ふさん》　破《やぶ》れて　烟《けむり》の若《ごと》し。
七斤もの重さの布衫（衣）は破れて透けて烟のようになってしまった。

この漢詩の意味は、次のようです。

私良寛は、「虎渓三笑」の慧遠がゆかりの白蓮精舎《びゃくれんしょうじゃ》とも言うべき玉島の円通寺を去ってから、ゆったりと、どっしりと坐って禅を組み、この身を過ごしている。一枝《ひとえだ》の使い古した黒い藤の杖《つえ》は、長い間、私に付き従ってくれた。七斤《しちきん》（約四kg）もの重さの布《ふ》衫《さん》（これは『碧巌録《へきがんろく》』などにのる趙州禅師《じょうしゅうぜんじ》の言葉で、ある僧に「万法《ばんぽう》は一《いち》に帰《かえ》るが、一《いち》は何処《どこ》に帰《かえ》るのか」と問われ、趙州禅師が「故郷で作った衣の重さが七斤であった」と答えた、万法帰一《ばんぽうきいつ》に因《ちな》む七斤もの重さであった衣）は着古《きふる》して破れかぶれ、布も薄くなり、向こうが透《す》けて見えるほど、まるで烟《けむり》のようになってしまった。

山の藤の花

なんと藤《ふじ》の杖《つえ》がこの漢詩には詠み込まれているのです。円通寺を出た後の行脚の日々の間もずっと、良寛さんは国仙和尚から手渡された藤の杖と、いつも一緒だったのです。

良寛さんはあの国仙和尚から賜った印可の偈、そのものの姿でおられました。円通寺を後にした良寛さんは藤の杖を手に、行脚し、坐禅をし、日々に修行を続けていたのでした。もう、着ている衣の布も、ぼろぼろになってしまっていたのでした。

ときは流れ、良寛さんはいつしか越後 国上山《くがみやま》の五合庵《ごごうあん》で暮すようになられていました。ある日、良寛さんは哀しい知らせを受け取ります。文化元年（一八〇四年）のことでした。仙桂和尚が亡くなったのでした。良寛さんは四十七歳になっていました。

「あの仙桂和尚が……」

哀しみを分かち合える人は、良寛さんのそばには一人もいませんでした。たまらず、仙桂さんの漢詩を作りました。

仙桂和尚《せんけいおしょう》

仙桂和尚

仙桂和尚は《せんけいおしょうは》　真の道者《しんのどうじゃ》　貌は古にして《ぼうはこにして》　言は《げんは》　朴なるの客《ぼくなるのきゃく》

仙桂和尚は真の修行者であった。古風な顔つきで、言葉は朴訥とした人物であった。

三十年《さんじゅうねん》　国仙の会に在りて《こくせんのえにありて》　禅に参ぜず《ぜんにさんぜず》　経を読まず《きょうをよまず》

三十年もの間、国仙和尚の下にありながら、坐禅にも加わらず、経を読まない

宗文の一句だに道はず《しゅうもんのいっくだにいわず》　園蔬を作って《えんそをつくって》　大衆に供養す《だいしゅにくようす》

宗門の教えの一句さえ言わなかった。ただ畑で野菜を作っては、修行僧の皆に食事を作っていた。

当時《とうじ》　我之《われこれ》を見《み》れども見《み》えず
その当時、私はこの仙桂和尚の姿を見ていたが、真の姿を見ていなかった。
之《これ》に遇《あ》うべくして遇《あ》わず
仙桂和尚に顔を合わせていたのに、本当には遇っていなかった。
呼嗟《ああ》　今《いま》　之《これ》に放《なら》わんとするも　得可《うべ》からず
ああ、今、仙桂和尚に教えを乞おうとしてもそれはかなわない。
仙桂和尚《せんけいおしょう》は　真《しん》の道者《どうじゃ》
仙桂和尚こそは　真の修行者であった。

良寛さんは漢詩を詠んでみて、改めて庵室を見渡しました。ふっと仙桂さんが蕪《かぶ》を沢山収穫した日のことを思い出しました。良寛さんはその姿を思い出して、何故か胸が締め付けられるような気持ちになって、とうとう涙を落としてしまったのでした。

「仙桂さん……」良寛さんはその名を呼びました。が、誰も答えてくれはしないのです。

「仙桂さんに会いたい」と心底思いました。もう仙桂さんはおられないのです。良寛さんはがらんとした五合庵でたった一人、深いため息をつきました。

他には誰もいません。急に寂しくなりました。一人だということが、切なくなりました。夜空には星が瞬いていました。良寛さんは一人、夜空を眺めていました。良寛さんの孤独な修行は、まだまだ続いていきました。

あるとき、良寛さんは母の故郷である佐渡が島産のお地蔵様を求めました。如意宝珠を胸に抱く小さなお地蔵様（宝珠観音石像）です。それからは良寛さんはそのお地蔵様とずっと一緒でした。

心には、円通寺での日々が瑞々しくよみがえっておりました。

円通寺の高方丈で、国仙和尚が良高和尚の大切にしておられた念持仏のお地蔵様を両の手に乗せて下さったことがありました。その重さを良寛さんは今も覚えているのです。良高和尚が、国仙和尚が、「父かとぞ思い、母かと

ぞ思い」念じ続けたお地蔵様。涙ながらに見たお地蔵様のお顔を良寛さんは忘れることはありませんでした。

良寛さんは、佐渡が島の産のお地蔵様に対座し、両の手でそっと包み込む暮らしを続けておられたのです。

そのお地蔵様を良寛さんは漢詩に詠み込みました。「君に対して、君語らず」で始まるこの漢詩には、良寛さんの大切な心が込められているのでした。

君《きみ》に対《たい》して　君《きみ》　語《かた》らず
君に対面しているが　君は　語らない
語《かた》らざる意《い》　悠《ゆう》なる哉《かな》
語らないこころは　悠々としている
帙《ちつ》は散《さん》ず　床頭《しょうとう》の書《しょ》
帙（書物の覆い）は散らかっている　枕もとの書とともに
雨《あめ》は打《う》つ　簾前《れんぜん》の梅《うめ》
雨は打っている　すだれの前の梅に

君に対面して座っているが、君は語らない。
語らない心は悠然としている。
書物の覆いが散らかり、枕もとの書物も散らかっている。
外では雨が降っているようだ、簾の前の庭の花に雨の打つ音が聞こえてくる。

この漢詩の冒頭の「君」とは、良寛さんの大切にしておられるお地蔵様です。いつもいつもそばに在ったので、枕地蔵とも呼ばれています。良寛さんの念《ねん》持仏《じぶつ》です。手許《てもと》に来てから、ずっと肌《はだ》身《み》離《はな》さず大切にしていたお地蔵様です。良寛さんは、母かとぞ思い、毎日両の手に、掌《たなごころ》に包み込んでいたのです。

良寛さんの遺愛の枕地蔵

この枕地蔵を狭い庵室に置いて、その前に端座し、良寛さんは語りかけていたのです。でも、目の前の枕地蔵様は何も答えてはくれません。良寛さんも何もおっしゃいません。枕地蔵様はずっと黙したまま、良寛さんと対座しておられるのです。閑かなときが流れる

のです。

良寛さんは心で般若心経を唱えておられたのかも知れません。そこへ、雨の音が聞こえてきました。白梅の香りがしてきます。母かとぞ思う……。崇高な香りが庵室を包み込みます。白梅の香りを母の姿に重ねていました。

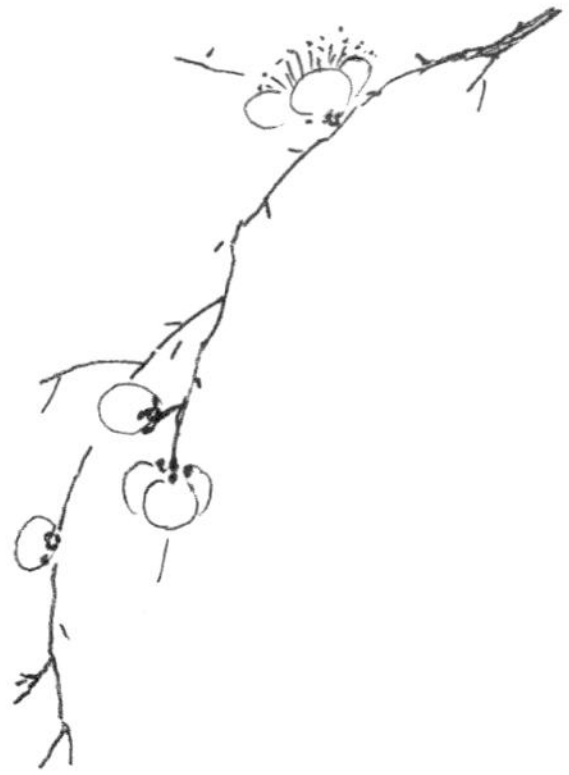

梅の花の咲いている姿は見えませんが、香りによってその花の咲いているのがわかるのです。道人《どうじん》の徳の香りというものは、包み隠そうとしても自ずから広がり、遠くまで及ぶのです。人知れず徳を積む、この在り方が誠の道なのではないかと良寛さんは思っていました。梅の香りは母の徳を思わせたのです。

月の淡い光が斜めに伸びた梅の一枝《ひとえだ》を障子《しょうじ》越《ご》しに照らします。月明かりに誘《いざな》われ、障子を開けると、池の清らかな水面《みなも》にその梅の枝の影が揺れているのです。そこへ、ふわりと風が吹きました。向こうにある梅の花の香りが漂いました。白い梅の花の姿は見えませんが、辺り一面に漂う香りでその存在を知ります。

それと同じく、徳の高い人物の行いは、姿は目には見えないけれど、真の素晴らしさが、梅の香が闇夜に漂うがごとく、感じられるのです。

微妙《みみょう》な香りによって、そこまで春がやって来ているのを知るのです。


また、雨が降ってきました。白梅を打つその音も香りを運びます。

清らかな香り。崇高な香り。雨の音を聞きつつ、ただ、白梅の香りを聞いていたのでありました。母の面影を心に、「母上、お護り下さい」と手を合わせながら……。

良寛さんには願いがありました。弟や妹を護って欲しい、という願いでした。良寛さんが弟や妹のことを思い浮かべるとき、父や母の面影が心に在りました。越後に戻って来てからは、弟や妹たちへの思いがつのっていったのでした。

実は、母が懸命に守ろうとした生家、橘屋はどんどん大変なことになっていったのです。弟の由之が、当主として守っておりましたが、逆風が吹き続けておりました。ある日の冬、雪の降る中、一人の女性が五合庵を尋ねて来ました。

「まあ、こんな雪の降る中、どなたかと思いました」と、良寛さんは驚きました。

由之の妻が良寛さんに会いに来たのでした。

「どうなさいましたか?」良寛さんは一抹の不安を覚えました。

「突然参りまして、申し訳なく存じます。恥ずかしいことなのですが、愚息の馬之助のことで……」と小さく言いました。

由之の長男 馬之助《うまのすけ》は名主見習いをしているのです。

「おぉ、馬之助殿のことですか。名主見習いとして頑張っておられるとか。ご息災でいらっしゃいますかな?」良寛さんは、つとめて明るく言いました。

「はぁ、まあ元気は元気なのですが……」と言いにくそうです。

「実は、馬之助は近頃、放蕩《ほうとう》が過ぎて困っております。これでは仕事にならぬと周りにも迷惑をかけてしまう次第で……。それで、たまりかねて、お願いに上がったのでございます」

由之の妻 やすは、良寛さんから馬之助に意見してやって欲しい、と言うのでした。良寛さんは了承し、翌日、橘屋へ赴くことにしました。

名主見習い、良寛さんも文孝という名の頃、そのお役についたのでした。名主見習いなどとてもできぬ、と思い、家を捨て、結果的には仏門に入ったのでした。

そんな自分が、馬之助に何が言えるというのか。

良寛さんには、放蕩する馬之助の気持ちが痛いほどわかるのでした。

「だからと言うて、今のままでは、馬之助も苦しむばかりじゃ」と良寛さんは何とかしてやりたいと思うのでした。

床に着き、若い時分を思い出しておりました。

鰈《かれい》になるぞ、と父に叱られ、ずーっと海岸の岩に座っていたとき、さがしに来た母が投げかけてくれた微笑み、光照寺に駆け込んで行ったときに自分に静かに対して下さった蘭《らん》谷万秀和尚様《こくばんしゅうおしょうさま》や玄乗破了和尚様のお顔、備中へ旅立つときの母の涙、円通寺での修行のときに何度となく閑かに導いて下さった国仙和尚様の柔らかなお顔。『思えば、そのときどきに私は多くの人に支えられ、導いていただいていたものだ……』昔日を思い、夜空を見上げるのでした。

翌日、「伯父様《おじさま》、ようこそお越し下さいました」と馬之助が出迎えてくれました。どうも、良寛さんから意見されるということを知っているようなのです。

どんな言葉がよいか、またどんな態度で接したら甥の馬之助を改心させられるか、良寛さんは思案しました。色々考えてもきたはずでしたが、いざ馬之助を目の前にすると、良寛さんは何も言えなくなるのでした。

馬之助も良寛さんからこう言われたら、こう言い返そう、このようにされたらこうしよう、と色々と考えておりました。しかし、一向に伯父は何も言わず、何もしないのです。

夕刻になるとおいしそうに「般若湯《はんにゃとう》、般若湯」と言いながらお酒を召し上がっては陽気に何か歌を歌って寝てしまうのでした。そうしてあっという間に三日が過ぎました。

「長らく過ごさせていただきました。そろそろお暇《いとま》いたします」

と、良寛さんは帰ろうとなさるではありませんか。もう、玄関で腰を下ろしておいでです。

「あ、そうじゃ。馬之助、頼みがあるのじゃが」と良寛さんは馬之助に話しかけました。

馬之助は、何かを言われると思い身構えました。そんな馬之助に良寛さんは小さな声で言いました。

「わしの草鞋《わらじ》の紐《ひも》を結んでくれんかの」と。

そんなお安いご用でしたら、と馬之助はひょいと土間へ降り、伯父の草鞋の紐を結び出しました。結び始めると辺りは静寂になりました。紐を丁寧に結びながら、馬之助は無心になっておりました。その紐を結び終えようとしたとき、馬之助は自分の手の甲に温かい水滴がしたたってきたのを感じたのです。

見上げると、良寛さんは馬之助の姿をじっと見つめています。その目からは涙が頬を伝っていたのでございました。

馬之助は、「はっ」としました。

しばらく閑かなときが流れました。

おもむろに良寛さんは黙って立ち、橘屋を後にしました。

「おじさん……」残された馬之助は、良寛さんの後ろ姿を見送りながら、おぼえず手を合わせておりました。その馬之助の目にも、あたたかな涙があふれていたのです。

あとには、雪が降っているのでした。

以後、馬之助の放蕩はピタリとおさまったのでございました。

季節が巡りました。

文化七年（一八一〇年）、良寛さんは五十三歳になっていました。

この年は、橘屋　山本家にとってつらい日々となりました。由之の妻が四十二歳の若さで亡くなったのです。その半年後、由之に家財取り上げ、所払いの判決が下され、馬之助は名主見習職を剥奪されました。これで、七百年以上も続いたと言われる橘屋は事実上、消滅したのでした。良寛さんは助けるすべもありません。なんと無力なのだろう、と自分の非力を痛感せずにはいられませんでした。橘屋の没落、この事実は中々受け入れることが出来ませんでした。とにかく、弟の由之のこと、甥の馬之助のことが心配でした。「どんなにか苦しんでいるであろう。これから、どうしたらよいのか」

そんなつらい一年でしたが、良いこともありました。馬之助の子であり、由之の孫、泰世が生まれたのです。寒中に咲く花のようでありました。

翌年、文化八年（一八一一年）、由之は隠居し、馬之助が山本家を継ぎました。

家財は没収されましたが、田畑や家屋敷はそのまま残っておりましたので、それを馬之助が継いだのでした。後に馬之助は井之鼻村の名主になります。しかし、このときは、そんな未来がわかるはずもなく、不安でいっぱいでした。明日が恐ろしく、胸が張り裂けそうでした。どん底でした。

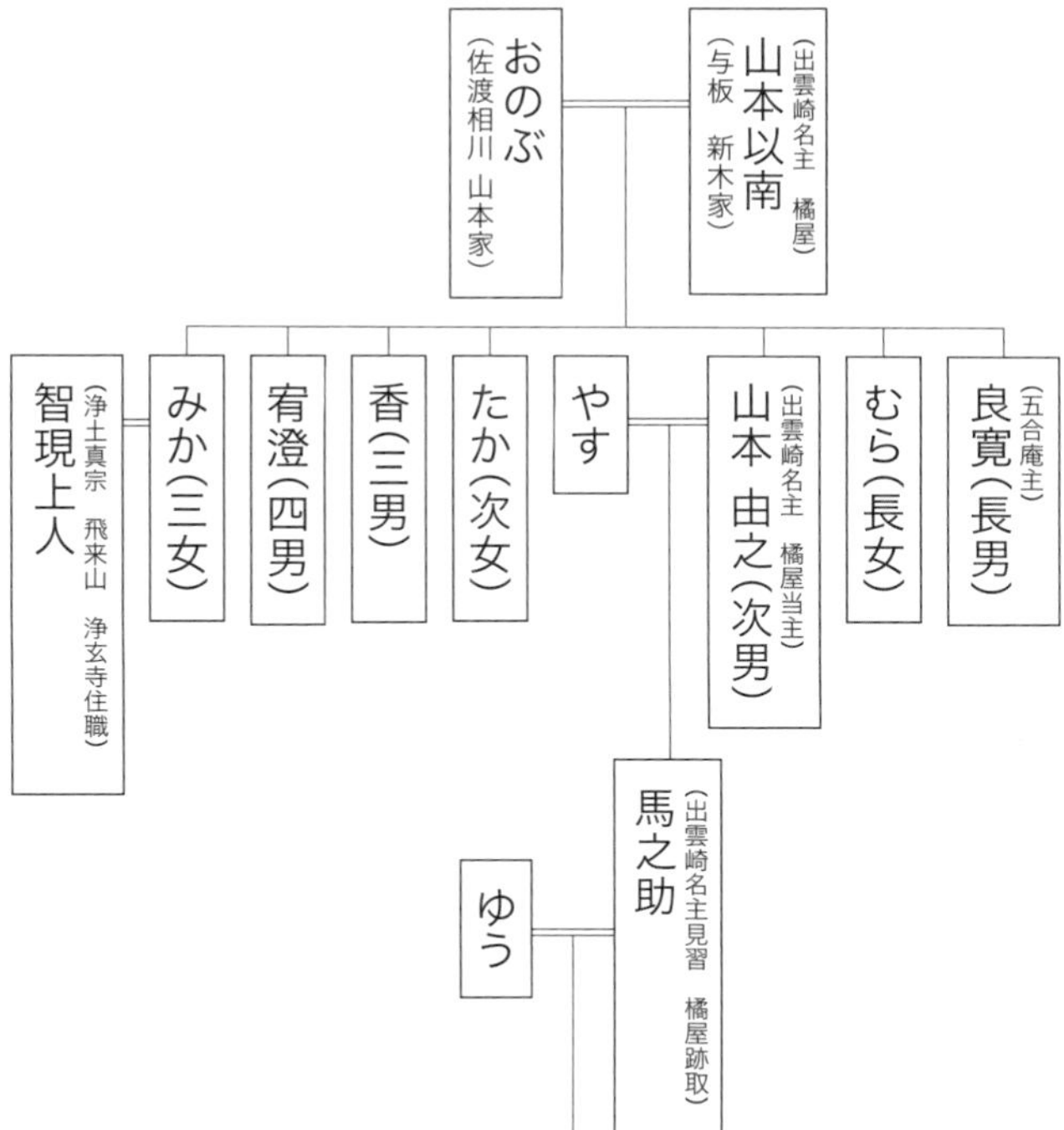

出雲崎　橘屋　山本家 家系図

由之は出家しました。そのとき、良寛さんは五十四歳でした。

「由之よ。これから旅が始まるのだな」と良寛さんは思いました。心の旅が始まる。孤独な厳しい旅が。弟は白道を歩み始めたのだ。四、五寸の幅の、火の河と氷の河、二河に挟まれた細い道を。

良寛さんも兄として、由之を遠くから見守る日々、心の旅が始まったのでした。これも白道でした。

良寛さんはある日、心配でたまらなくなって由之に歌を三首送りました。

たらちねの　母《はは》がかたみと　朝夕《あさゆう》に　佐渡《さど》の島《しま》べを　うち見《み》つるかも

（（たらちねの）母を思い出すよすがとして、朝に夕に佐渡の島を遙かに眺めることよ）

古《いにしえ》に　変《かわ》はらぬものは　荒磯海《ありそみ》と　向《む》かひに見《み》ゆる　佐渡《さど》の島《しま》なり

（いにしえと変わらないものは、現石《あらいそ》（海岸の岩石）が多く荒々しい海とその向こうに見える佐渡の島である）

草《くさ》の庵《いお》に　足《あし》さしのべて　小山田《おやまだ》の　蛙《かわづ》の声《こえ》を　聞《き》かくしよしも
（粗末な草庵の中で足を思いきり長く伸ばして、山間《やまあい》の田に鳴いている蛙の声を聞くのは楽しいことよ）

この三首には、良寛さんと由之の兄弟だからこそ分かち合える心が詠み込まれているのでした。

母の故郷、佐渡島を朝に夕に眺め、岩の多い荒海とその遙か向こうの佐渡島は我らが子供の頃から何ら変わることがない。雄大な自然は我らを包み込んでくれている。母の我らに対する思いも、我らを包み込んでくれているのであろう。優しき母のぬくもりも、出雲崎から佐渡島を眺める景色と同様、昔から何も変わっていないのではないか？　我らの心の中に母が在る以上、そのあたたかき眼差《まなざ》しはずっと変わらないはずじゃ。荒々しい波に漂う繫がぬ小舟のような我らを大海のごとき心でこれからも母は我らを護って下さるであろう。

だから、由之よ、これからはゆるやかな心で足を伸ばし、蛙の声に身をゆだねながら暮らしてはどうか。きっと穏やかな心を取り戻せるであろう。

良寛さんは、騰々任運の境地で暮らす由之の未来を切に願っているのでした。

その後、由之は時々旅に出ることがありました。その度に良寛さんは寂しくなりました。円通寺での修行時代、良寛さんは坐禅石に坐りながら、遠く穏やかな瀬戸内の島々を見渡していたことを思い出しました。この海も、この空も故郷　出雲崎に続いているのだと涙した日々。由之もやはり異郷の地で、ふるさとを思い出しながら旅を続けるのであろうか、と空や海を眺めるのでした。

数年後、良寛さんは五合庵での暮らしが難しくなり、乙子神社の草庵へ居を移しました。六〇歳になろうとしていました。

乙子神社での暮らしにも慣れてきた文政四年（一八二一年）、弟の由之が兄妹で会いたい、と連絡してきました。今や良寛さんの他の兄妹は妹のむら、一番下の妹のみかだけです。

良寛さんのすぐ下の妹むらは、寺泊《てらどまり》の外山家に嫁いでおりました。末妹《まつまい》のみかは良寛さんが二〇歳の時に生まれました。すでに家を出て、光照寺で一沙弥として修行していたので、良寛さんはみかと暮したことがありませんでした。今は、出雲崎の浄玄寺住職 智現上人に嫁いでいます。

みかは都合で来ることができませんでしたが、良寛さんと由之とむら、兄妹三人で会うことになりました。むらの嫁ぎ先である寺泊の外山家で集まりました。

兄妹です、会えばすぐに話がはずみました。他愛もない話をしながら、来し方、行く末の話などをそれぞれしました。由之は思い出話を始めました。

「兄さんが家を飛び出したとき、俺はまだ十五ほどの子供であった。けれど、小さい頃から兄さんは、いつかこんな風に出て行くのではないかと思っていたよ」

「そうか。わしの行く末を予見しておったのか」と良寛さんは言い、

「由之らしいねぇ」とむらは言いました。

「まさか本当にそうなるとは思わなかったけど、実際に兄さんが出家してしまって、あとに残った俺が結局、名主になって。あれから随分いろんなことがあったなあ」

良寛さんは由之の顔を見つめました。名主であった頃の表情はすでに無く、軽やかに見えました。

「全て失って、見えたものがある。俺は、兄さんの出家した気持ちが今ではわかる気がするよ。それで、俺は……」そこで由之は言葉を切りました。

「俺は、奥羽に旅に出ることにした」

「奥羽に？」むらは驚いて聞き返しました。

「とにかく、そう決めたから」と由之は凛とした声で答えました。

今までも、幾度も行脚の旅をしていた由之でしたが、今度の旅はとても切なく思えたのでした。

「そうか。もう決めたのだな。奥羽へ旅へ出るのだな。由之。兄として何もしてやれないばかりか、お前には迷惑ばかり掛けてきた。餞《はなむけ》とて何もないが……」良寛さんは言葉を継ぎました。

「わしは、色即是空　空即是色の心を円通寺の国仙和尚から何度となく教えていただいた。色即是空　空即是色の真の心を。色《しき》、すなわちこれ空である。空、すなわちこれ色である、とな。色とはこの世の目に見えるものすべてじゃ。我々は、有ると思うて暮しておる。この有るということが、迷いの元であるらしい。有るから欲も生まれ、感情が生じる。しかし、目に見えぬ何か大切なことに気付いたとき、色はすなわち空になる。空っぽになる。何も無くなるのじゃ。色即是空　空即是色は、空の次に空が在る。最初の空がただ無になった、空っぽになった状態じゃ。まずは空っぽにならなければならぬ。二つ目の空は転じ始める空なのじゃ。空からまた色に戻る。色に再び戻るための空なのじゃ。空から色に転じた、その色は最初の色とは違う色なのであるという。すでに転じた色《しき》。次元の違う色《しき》となっている。それは清らかな小川のようだという。清らかな転じた色は寛《ひろ》がってゆく。真《しん》の色《しき》であれば、必ず寛がるのじゃ」

むらも由之も、次の言葉を待ちました。

「色即是空、失って行き、空になる。空即是色、失った先の空が転じ始め、また再び色に戻って行く。その行き着いた色《しき》は人の心じゃ。あたたかい慈悲の心じゃ。真《まこと》の慈悲の心は何かを失ったから持つことができるのかもしれぬ……。苦しみを越えた先に、手を合わせる心が生じてくるならば、無心に手を合わせるがよかろう。左右の両《ふたつ》の掌《たなごころ》、二つの手の心を合わせ、二心《にしん》なき真心《まごころ》となる。両手を合わせることで二心《にしん》から一心《いっしん》へと転じる。母上の言葉を覚えておるか？　母上は、『手を合わせ、お護り下さいと念じ、一心に信じるならば、必ずお護り下さる』と言っておられた。『辛抱をしておれば、いつか必ず辛抱の花が咲く』と。

由之よ、お前の行く先は明るく照らされておるはずじゃ。奥羽へ行き、転じよ。色即是空　空即是色と心を転じよ。苦しみぬいたお前は必ず転ずることが出来るはずじゃ。それを一心に信じておる。そしてまたここへ、越後へ戻って来ておくれ。それまで、ずっとお前の無事を遠くから願っておるぞ」

「兄さん……」

由之もむらも良寛さんも、三人とも泣き出しました。このとき由之は六〇歳、むらは六十二歳、良寛さんは六十四歳になっておりました。今生《こんじょう》の別《わか》れかもしれないのでした。

思えば、良寛さんが備中へ旅立つときもその覚悟でありました。あのときは良寛さんは見送られる立場でした。今は、自分が見送る立場なのです。

「こんなにもせつない心だったのか」と、今にしてあの日の父母の心を、そして、弟妹たちの思いをかみしめる良寛さんでありました。

由之は奥羽へ旅立ちました。

しばらくして、良寛さんは末妹のいる浄玄寺へ出向きました。「由之は奥羽へ旅に出たよ」と良寛さんはみかに伝えました。「無事に旅が出来ますように」とみかは手を合わせ、空を見上げました。同じ空を兄の由之も見ているかもしれません。「廓然《かくねん》じゃな」と良寛さんはつぶやきました。

「さようでございますね」とみかは答えました。

からっと晴れた何も無い空《そら》でした。

「兄上」

「ん?」

「私は兄上のことも案じているのです。乙子神社の草庵へお暮らしとは言え、妹にとっては兄上は旅に出ておられるような心地がするのです。夜空を見上げ、兄上のことがふと心配になることもあるのですよ」

「さようか。それは嬉しいことじゃ。そんな風に思っておってくれているのか。

わしは、『任運《にんぬん》なること　還《ま》た　繋《つな》がざる舟《ふね》に同《おな》じ』と寒山の詠んだ、一つの小舟にすぎぬ。風のふくまま、そのままの運命に任せておる。繋がれていない舟、どこに漂うかわからぬ舟に同じなのだ。どこへ、どこまで漂うことになるのか、

まるでわからぬ……。そんな兄を一心に信じて見守ってくれているのだと思うと、それだけで有り難い。礼を言うぞ、みか」みかは涙ぐみました。

「実は、わしも夜空を見上げることがある。妹のみかを護ってください、と願いながらな。お互いに気付かず、同じ夜空を見上げている日もあるかもしれんの」そう言って良寛さんは笑いました。みかもつられて笑いました。

「不思議じゃが、誰かを心配し、夜空を見上げると、何だか大丈夫な気がしてくる。みかも、そうは思わんか？　あんなにも星がきれいなのじゃからな。もしかするとお釈迦様もご覧になった星の光かもしれぬ。お釈迦様は六年の苦行の後、山から下りられ、村娘から

施された乳粥を口にし、菩提樹の下で明けの明星を見て悟りを得られた。その光は人と人をあたたかき心でご縁を結んでおる。

わしが若い日々に修行した円通寺では、古《いにしえ》に行基菩薩がお作りになられたという星浦観世音菩薩様をご本尊としていた。円通寺のある白華山の頂には白華石という円盤のような石があるのじゃが、その石は観音様の降りて来られる台である、と行基菩薩は観じられてな。おそらく、行基菩薩はそこから星を見上げられて、きれいだな、と思われたであろう、と師匠の国仙和尚はおっしゃられた。その国仙和尚も円通寺から見上げる星がきれいだとおっしゃっておられてな。わしは国仙和尚が亡くなられた後、一人で白華石のそばで禅を組み、明けの明星を見上げたんじゃ。その星の光が誠にきれいであった。あぁ、国仙和尚が、この光とご縁を結んで下さったのだと観じたことであった。

越後へ戻って来て、やはり同じ星空を見上げているのだといつも思っておった。じゃから安心《あんじん》なのだと。もしかすると、母上も星空を見上げ、遠く離れたわしの無事をいつも願っていてくれたのかもしれぬ。そう思うと、涙が頬を伝うことがあるのじゃ。星の光が何かを伝え続けてくれているような気がする。そのご縁をわしは信じておる。みかのことも、お護り下さっているのだと、わしは信じておるのじゃよ。母上がよくおっしゃって下さっていた念ずれば通ず、じゃ。今住む乙子神社の草の庵は、わしにとっての菩提樹なのじゃ。そこから星を見上げて暮らす、こんな幸せなことはない。みか、心配せずともよい、わしは大丈夫じゃ」

良寛さんは優しく微笑みました。みかも微笑んで言いました。

「兄上、今日も、また夜空を見上げるのでございますか？」

良寛さんはそんな風に今日のことを聞かれるとは思いもしなかったので、

「ほ？　今日か？」とすっとんきょうな声で言いました。その言い方がちょっと面白くて、みかも良寛さんも同時に吹き出してしまいました。その日、みかは良寛さんの背を軽やかな気持ちで見送りました。

『兄上、きっと大丈夫なのですね。またお元気なお姿でお越し下さいますよね』と手を合わせ、いつまでも見送るのでした。

『もう、兄上は庵へ着いたころかしら』と茜色の夕焼け空を見上げました。

「あ、一番星。宵の明星……」みかは、声を発していました。今日も、星空を見上げ、願っているのでありました。

「どうか兄上を、お護り下さい」。みかは、兄の良寛さんの姿を心に思い浮かべていました。

きっと、良い方向に行きますように、と願って下さっているにちがいない、「念ずれば通ず」という母のよく言い聞かせてくれたこの言葉を胸に、今日も星空を見上げているに違いないのだ、と……。

9

転《うた》た寛《ひろ》し

様々な思いを胸に、季節は巡り続けて行きました。良寛さんは越後の地で、人々と交じり、暮らしていました。歩く姿はあたたかき聖でした。

良寛さんは知らず知らずの内に多くの人々の心を救うようになっていました。

カシャンカシャンと錫杖の音をたてながら歩く姿、それはあたたかき聖でした。

そのお姿は、まるで常不軽菩薩《じょうふぎょうぼさつ》のようです。人を常に軽んじないのに、常に軽んじていると思われ、そのために常に軽んじられることになるが、ついには常に軽んじられない存在となった菩薩様。いつもばかにされ、人から疑われても、石つぶてを投げられても、その相手に対して、少し離れてから手を合わせておられたという菩薩様。いつかわかってくれるはずだ。と、人の真心《まごころ》を信じ続け、己の心をも信じ続け、ついには自然と周りから大切にされるようになり、お互いの心が清らかになっていったというのです。

良寛様は常不軽菩薩のごとき存在。

周円融通《しゅうえんゆうづう》にして和顔愛語。

かつて「昼行灯《ひるあんどん》」といわれた文孝は、いつの間にか、太陽の光のような、闇夜で放つ月の光のような存在、満天の星の輝きを内に秘めた人物、越後の良寛様になっていました。良寛様は苦しいこと、哀しいことがたくさんありました。それらのことも忘れたかのようでした。良寛様は何も語りませんでした。でもその瞳の奥に憂いを湛えておられたのです。語らないから、何もないのかと思えますが、そうではありません。目に涙を浮かべながら必死に耐えた日々があったのです。憂いの深さは人には分かりません。語らないから、分からないのです。だからこそ、瞳の奥で輝き続けておられるのです。

冬を越え、春になると、良寛さんは、きまって里へ托鉢に出掛けました。懐には手毬があります。村の子供たちと一緒につくためです。手毬をつくときは、いつも夢中です。良寛さんのその姿からは、何のはからいも感じません。

ただ、そのままの、ありのままの姿なのです。だから子供たちは良寛さんの童心と響き合うのです。良寛さんが道を歩いていると、村の子供たちが良寛さんに駆け寄って来ます。

「あっ、良寛さんだ。手毬をつきたい」と、何人もの子供たちが良寛さんの袂に向かってくるのです。「おぉ、みな元気かな。春になってよかったのぉ」と春の訪れを歓《よろこ》び合うのです。これが春になる一番の楽しみでした。ところが、冬を越え、春になったというのに、姿の見えない子もいたのでした。

冬を越えることができなかった子もいれば、奉公に出された子もいました。今手毬をついている子供たちもいつ、自分がそうなるかもしれない、ということはわかっていました。それでも、今日の喜びに無邪気に笑顔で、弾むような声でうたうのです。「一二三四五六七《ひーふーみーよーいーむーなー》」と、手毬をつきつつ。

良寛さんは、今を大事に手毬をついていたのでした。今、手毬をつくことができるのは、命があるからなのです。その今の命を精一杯、大切に弾ませなければなりません。それが手毬をつくことなのです。この先、今一緒に手毬をついているこの子たちも、苦しい日を迎えるかも知れない。哀しい日を迎えるかもしれない。涙が止まらなくて、立ち上がることもできなくて、迷い、惑い、どうすることもできなくなるかもしれない。いつの日かこの手毬うたとともに、手毬をついた日のことを、その春がうららかであったことを思い出してくれるかもしれない。そのときのためにも、今、懸命に手毬をつかねばならぬ。

良寛さんは涙を堪《こら》えて手毬をつくこともありました。そんな良寛さんは、たまらなくなって、長い歌を作りました。

梓弓《あづさゆみ》　春去り来れば《はるさりくれば》　飯乞ふと《いひこふと》　里にい行けば《さとにいゆけば》

（梓弓）　春が来たので　飯（食べ物）の施しを乞うとて里に行くと、

里子ども《さとこども》　道のちまたに《みちのちまたに》　手毬つく《てまりつく》

里の子供たちが　道の辻で　手毬をついている。

道のちまたに《みちのちまたに》　手毬つく《てまりつく》　我も《われも》　交ぢりぬ《まぢりぬ》

道の辻で　手毬をついている。　私も　交じってしまう

そが中に《そがなかに》　一二三四五六七《ひふみよいむな》　汝がつけば《ながつけば》

その中に　一二三四五六七　汝（おまえたち）がつけば

我は歌ひ《わはうたひ》　我が歌へば《わがうたへば》　汝はつきて《なはつきて》　つきてうたひて《つきてうたひて》

私は　歌い、　私が歌えば　汝はついて　ついて歌って

霞立つ《かすみたつ》　長き春日を《ながきはるひを》　暮らしつるかも《くらしつるかも》

霞立つ　長い春の一日を　日の暮れるまで過ごしてしまったことよ。

霞立つ《かすみたつ》　長き春日を《ながきはるひを》　子供らと《こどもらと》

霞が立っている　長い春の日を　子供たちと

手毬つきつつ《てまりつきつつ》、　この日暮しつ《このひくらしつ》

手毬をつきながら　この一日を日が暮れるまで過ごしました。

〈良寛の長歌〉

手毬をつく良寛様は白道《びゃくどう》を歩み続けていたのです。幼い子供たちの姿は、そのまま自分の若き日の姿とだぶるのです。文孝という名で人生のどん底を味わい、将来を絶望したあの日から、数十年が過ぎていました。

昔日。越後から備中玉島円通寺へ逃れるようにしてやってきた若き良寛さんでありました。そこでの日々で得た境地は、

「転《うた》た、寛《ひろ》し」

転《てん》じる、ということでありました。そして、寛《ひろ》がるということなのでした。

人生をやり直した人、良寛。

人は、やり直すことができるのだと気が付き、その命のきらめきを、自身の童心を再び取り戻したのは、玉島での修行の中でのことでした。

どん底から青空を見上げ、鮮やかに復活し、識ったのです。

時を越え、所をこえても、人の願う心はきっと届くのだということを。

元気で笑って暮してほしいという、母の願いは遠く円通寺の良寛さんのところへ届いていたのでした。だからこそ、良寛さんは、再び前に向かって一歩一歩、歩き始めることができたのです。念ずれば、必ず通ずるのだと。

転た寛し。

色即是空　空即是色。転じよ、良寛。再び戻りなさい。そして寛がりなさい。

と、いう国仙和尚の声は越後に戻った後《あと》も、ずっと良寛さんの心に響き続けていたのでした。玉島での修行で得たのは、共歓同苦《きょうかんどうく》の心でありました。嬉しいときには共に歓び、哀しいときには苦しみを同じくするのです。人の心に寄り添うということです。良寛さんは、いつの間にか手毬をつく聖となり、やわらかな微笑みで人々の心を救い続けていたのでした。

冬を越え、長き春の日、手毬をつきはじめる。そこにはいつもあたたかき陽だまりがありました。

「霞立つ　長き春日を　子供らと
　手毬つきつつ　この日暮らしつ」

良寛さんはこの歌に切《せつ》なる願いを込めました。

一緒に手毬をつくこの子供たちをどうかお護り下さい、と良寛さんは願い続けているのです。

きっとお護り下さる。

それを一心に信じようと良寛さんは思っているのです。

そう信じることで良寛さんも救われていました。

今日も良寛さんは手毬をつきます。「一二三四五六七《ひーふーみーよーいーむーなー》」と。

今日も良寛さんは信じています。手毬をつく子供たちの瞳の奥の輝きを。

蕾がいつか美しい花を咲かせることを。

ずっとずっと、信じ続けておられるのです。

明けの明星の光が、一人一人の心の中にあるのだと。

それが、いつか良き方向に必ず転じ、寛がってくれるのだと。

そう、「転た寛し」と、なることを……。

完

おわりに

おわりに

円通寺のご本尊様は聖星浦観世音菩薩様《しょうほしうらかんぜおんぼさつさま》でございます。

なんておしゃれな名前の観音様だろう、と玉島生まれ、玉島育ちの私には、ほこりに思えます。

かつて玉の浦と呼ばれていた玉島を、星の浦と重ねて名付けて下さった行基菩薩様のセンスの素晴らしさには感動すら覚えます。

けれど、そういう玉島の歴史がなんとなくすごいな、と小さい頃から思っていた私には、星浦観音様の存在は少し遠いことでございました。

それが、令和元年五月十日に『ゆるり良寛さん　～玉島円通寺のゆかり～』という題の拙著を出版させていただくことになり、不思議なご縁だなぁ、と思った次第でございました。

不思議なご縁はさらに続きました。

出版の数日後、円通寺の仁保哲明ご住職様（二十九世　活龍哲明住職）から、「例えば、円通寺物語、という題の漫画を作りたいので、原作を書いてほしいのですが」という旨のお話があったのです。

私のことでございますから、勿論、「是非！」とは、なりません。一歩も二歩も下がってしまうような気持ちで、「はぁ……、私に書けるかどうか、自信がまったくないのですが……」という、なんとも歯切れの悪いお返事が第一声でございました。

ただ、『ゆるり良寛さん』は哲明ご住職様の誠に寛大なご配慮のもと出来上がった一本《ひともと》でございましたので、いつかご恩返しを、という気持ちがありました。

『円通寺物語』の漫画の原作を書かせていただくことがご恩返しの一端になるのであれば、全力でさせていただきたいと思い至りました。

哲明ご住職様にあふれる思いがおありでございましたので、それを文字に起こすことが出来ましたら、こんなに光栄なことはないと思ったのですが、やはり、円通寺の歴史、玉島の歴史、歴代のご住職様の思い……、中々難しい面もありました。

途中で私には無理かもしれない、と何度も思いました。

半年ほど、七転八倒しつつ一応、原作として書き上げました。哲明ご住職にご覧いただきますと、こんなことをおっしゃったのです。

「この原作から漫画にするのではなく、このまま本にした方がいいような気がします」と。

帰宅し、母に相談いたしますと、「それ自体が、転《うた》たなんじゃないのかしら？」と言ってくれました。成る程、転《てん》じる、ということなのかしら、と私も思い、「第二作目を早く書いてね、ゆう子ちゃん!!」と、ずっとおっしゃって下さっていた安藤瑞子《あんどうかずこ》先生（一作目の発端となった方）にご相談申し上げました。

先生は本当に喜んで下さいまして、この度の上梓のご縁となりました。

前作に引き続き、玉島活版所《たましまかっぱんしょ》の中藤収《なかとうおさむ》社長、たまテレいわお財団の藤井鉄郎《ふじいてつろう》理事長、考《こう》古堂書店《こどうしょてん》の柳本雄司《やぎもとゆうじ》会長に、またもお世話になりました。

また、「ゆるり良寛さん」の出版の折に親身になって下さった安藤先生のご主人様の安藤《あんどう》實《みのる》様や片山由里子様、葛間宏子様、後藤田恵子先生、芝田尚子様、中西邦子様、町田伸子様、市田山博子様も、皆様喜んで下さいました。皆様の笑顔にどれだけ励まされたか知れません。

執筆中は、前回とはまた違う感じで苦しいときもありました。

その中で、多くの言葉に出合い、救われることが何度もあったのでした。

「ゆるり良寛さん」出版のあと、エフエムくらしき 代表取締役　大久保憲作様の寛大なるおはからいにより、ラジオ番組をさせていただくことになりました（人生で初めてのことでした）。令和元年七月から令和二年四月まで、毎週木曜日の十五分ほどの番組でした。FMくらしき（82・8㎒）のラジオ番組「ゆるり良寛さん」【提供：安藤嘉助商店　猪木呉服店　菊池酒蔵　玉井堂　玉島活版所　玉島テレビ放送（五十音順）】で玉島東中学校　校長　吉実隆充《よしざねたかみち》先生と良寛さんのお話をさせていただきました。令和元年十月には、全国良寛会　会長（当時　副会長）の小島正芳《こじままさよし》先生にご出演いただきました。小島先生はいろんな楽しいお話をなさって下さいましたが、とても印象に残っておりますのが、「愛語には廻天のちからあると知るべしという道元禅師の言葉がありますが、丁寧な言葉には天を廻す力があるんですね。運命を変える力があるんです。良寛さまはまさにその愛語を大切にしておられました」というお話でございました。

吉実先生に「玉島東中学校の生徒さんたちにも言葉を大切にしてほしいと思っておられ

るのではありませんか」と尋ねますと、「そうですね。言葉を大切に、というのと、あと挨拶をする子は伸びる、と言いますすね」とおっしゃられました。改めて丁寧な言葉や挨拶を発するということの大切さに気付いたことでした。

また、小島正芳先生は越後の盆踊りについてもお話下さいました。越後ではその当時、非常に盛んだったこと、変装をして下駄を履いて踊り明かしていたことなど、楽しくお話下さったのでした。

「手拭で　としをかくすや　ぼんをどり」

（宮尾清一　絵葉書）

良寛さんが七月十八日の朝、盆踊りをしたその足で光照寺へ駆け込んでから二四五年の時が経ちました。晩年楽しく盆踊りをした頃からは一九〇年余りの時が経ちました。

良寛さんの俳句に、

手拭《てぬぐい》で　年《とし》をかくすや　盆踊《ぼんおど》り

という一句があり、私の母方の祖父（宮尾清一）は手拭いでほおかぶりして踊る女性の絵とともにこの句を書いています。これは良寛さんなんだよ、と教えてくれたことがありました。

そんな日の祖父を思い出したことでした。

この祖父が、前作（ゆるり良寛さん）では、だんだん良寛様と重なって思えるようになってから、筆が進むことになったのですが、この度（うたた良寛伝）は、良寛修行時代を主に書かせていただくことになりましたので、国仙和尚が祖父に重なって思えました。

国仙和尚の良寛に対する言葉はそのまま祖父から私に語られているような感じでございました。静かに導いてくれたり、ゆっくりと、じっくりと語ってくれたり、時に冗談を言って快闊に笑ったり。そんな国仙和尚と良寛の場面では、「おじいちゃんの元気だった頃の笑顔」を思い出しては、ぽとぽとと涙を落としてしまうのでした。

そんな日々のある日、田邉宏三《たなべこうぞう》様（岡山県良寛会の常任理事）が一枚のＤＶＤを持って来て下さいました。「この道ひとすじ」という玉島テレビの番組で第五六回「墨彩《ぼくさい》と短歌を愛し油彩《ゆさい》に生きる野人画家《やじんがか》」という題で祖父をインタビューしてくださっているのでした（一九八八年　昭和六十三年　十一月二十二日放送　二十九分）。私が小学生の頃でしたが、たしかにその番組の記憶があります。

思いがけず、その映像を改めて見ることになり、祖父母の生前の姿を目にし、母共々涙がとまりませんでした。驚いたことは、そのインタビュアーがなんと田邉宏三様だったのです。本の出版を「宮尾先生が生きておられたら本当に喜ばれたことでしょう」と目を潤ませながらおっしゃって下さったのでした。

それから三〇年の時を経て、同じ玉島テレビで「ゆるり良寛さん」の特集番組が放送されました（インタビュアー：古田《ふるた》 祐紀恵《ゆきえ》アナウンサー、編集：文箭《ぶんや》 兼三《けんぞう》制作部長）。良寛さんの詩句を紹介するシリーズの番組も放送して下さいましたが、その撮影の中で話しながら初めて気付くことも多々ありました。番組をご覧になった多くの方々からあたたかいお言葉をいただいたりしております。

令和元年十月二十日、玉島の箏曲演奏家　山路《やまじ》みほ先生の久方ぶりの地元でのお琴のコンサート（於 玉島交流センター　湊ホール）の折、最後の曲の前、舞台上で、遠藤寛子《えんどうひろこ》アナウンサーのインタビューを私にもして下さいました（人生初のことでした）。良寛さんのお話を、ということでしたので、緊張しながら「令和二年が一九〇年遠忌に当たります」というお話をさせていただきました。コンサートの始まる前などに、みほ先生のご厚意で、

「ゆるり良寛さん」の本のサイン会もさせて下さいました（これも人生初）。今城書店《いまじょうしょてん》の今《いま》城友三郎《じょうともさぶろう》様がご助言下さったり、お力添えを下さいました。

何より、みほ先生の御寛大なお心に感謝申し上げました。みほ先生やお社中の皆様のお琴、ご主人のパヴェル様や尺八の先生方の尺八など、皆々様の演奏が素晴らしかったのは言うまでもありません。

玉島に良き音が響いた一日でございました。

「ゆるり良寛さん」の中で、相田みつを先生の「にんげんだもの」という言葉を使わせていただいたご縁で、「相田みつを美術館」（東京国際フォーラム）で相田一人《あいだかずひと》館長様とご担当の吉澤《よしざわ》様とお逢いする機会に恵まれました。館長様は相田みつを先生のご長男様でいらっしゃいまして、おだやかでやわらかい物腰、それでいてユーモアがおありの素敵な方でございます。お話を伺うといつも私は笑ってばかりいるくらい、とっても楽しいお話をして下さいます。

館内では相田みつを先生が生前最後にご出演されたテレビ番組を流しておられました。

その中で、ある言葉を語っておられたのです。

　霧の中を行けば、覚えざるに　衣　湿る

　この言葉を、相田みつを先生が大切にしておられたことを、この時初めて知りました。「霧《きり》の中《なか》を行《ゆ》けば　覚《おぼ》えざるに　衣《ころも》　湿《しめ》る」という『正法眼蔵随聞記《しょうほうげんぞうずいもんき》』に載る道元禅師のお言葉は、出合う度にはっとする言葉でございます。矢掛《やかげ》の大通寺《だいつうじ》（備中良寛さんこころの寺巡り・五ヶ寺の第四番）住職　柴口成浩《しばぐちじょうこう》老師とお会いする機会がありました時、本堂の柱に「霧《きり》の中《なか》を行《ゆ》けば　覚《おぼ》えざるに　衣《ころも》　湿《しめ》る」という柴口成浩《しばぐちじょうこう》老師の手になる短冊が貼られているのに気付きました。それを拝見した時、心がふるえたのを覚えております。生きた言葉だと思われました。筆で書かれた言葉として、ぐっと心に響く一紙との出合いでございました。今も大通寺《だいつうじ》の本堂のあの柱にあると思います。成浩《じょうこう》ご住職は円通寺本堂の前に建つ若き日の良寛像のモデルになられた方でございます。

　明るくお優しい、そのままのお姿でいらっしゃいます。

「大通寺 柴口成浩老師が モデルとなった良寛像」

円通寺には、良寛様と同い歳の青銅露座地蔵菩薩坐像《せいどうろざじぞうぼさつざぞう》があります。宝暦八年（一七五八年）一月二十四日、玉島きっての名門、西国屋《さいごくや》の第三代 萱谷半十郎《かややはんじゅうろう》が寄進したものです。その子孫でいらっしゃる十一代目の萱谷節子様は茶道 藪内流《やぶのうちりゅう》の先生をしておられます。節子先生のお二人のお嬢様方とは学年は違うのですが、同じ玉島小学校に通いました。節子先生のご母堂様《ぼどうさま》もお茶の先生でいらっしゃって、私をよくかわいがって下さいました。ご尊父様《そんぷさま》は東華《とうか》先生とおっしゃって、ハンサムで素敵な紳士でいらしたそうです。うち

「商家繁昌　中備の魁　全」(高瀬安太郎編)
〈三十三頁裏(玉島湊新町　湊問屋　萱谷半十郎)〉

へもお越し下さることがあって、バスを待つのに寄っては、うちの母と話し込み、いつの間にかバスの時間を過ぎてしまって、「今日は出掛けるのは止めにします」と言い、そのまま帰宅なさる、というおおらかな方だったそうです。私はそのお姿を覚えておりませんが、東華先生の絵のお軸を拝見する度に、お人柄がしのばれます。

そんな萱谷家のご先祖様が寄進なさった、青銅露座《せいどうろざ》地蔵《じぞう》（火消地蔵）様は鶴亀池を見下ろしておられ、立派な蓮台の上に半跏坐《はんかざ》し、右手には錫杖を持っておられます。丁度、良寛様の坐禅石と背中合わせの位置です。節子先生は青銅露座地蔵《せいどうろざじぞう》様の前を通るときには、いつも拝んでおられるそうです。時折、そばまで行って手を合わせておられるそうです。
節子先生は円通寺の麓にお暮らしでいらっしゃって、ご幼少の砌《みぎり》には、石垣から蟹が出て来ては道を歩いているのを夏には見かけたのだそうでございます。
節子先生方から私方までは歩いて十五分ほどのところですが、今でも、うちの小さい庭には決まって六月頃に蟹が出て来ます。同じ蟹なのかもしれません。

藪内流の茶道の先生といえば、中西敏恵《なかにしとしえ》先生という素敵な方がおられます。ある時、円通寺のお茶室（非公開）から高方丈を一緒に見せていただきましょう、と私を誘って下さり、ご一緒させていただいたことがございました。そこからは高方丈の千畳岩《せんじょういわ》を見ることができます。いにしえ、良寛様も目になさったであろう景色を今、敏恵先生と眺めているのだと思うと、感慨深かったことがありました。実はひそかに執筆の最中でしたので、うるうるとしてきたのでした。

玉島にお暮らしの茶道裏千家流の小《お》野享子《のきょうこ》先生が、

「来《き》てみれば　わが古里《ふるさと》は　荒《あ》れにけり　庭《にわ》も籬《まがき》も　落葉《おちば》のみして」

という良寛さんの和歌に思い出がありまして、とお話し下さったときがありました。享子先生のお師匠様宅でお茶のお稽古をなさっておられた頃のこと、いつも十一月になると決まってこの和歌の書かれたお軸《じく》がお床《とこ》の間《ま》に掛《か》かっていたということです。ある玉島地方史研究家の方の手《て》になるもので、良寛さんと籬《まがき》が描かれていたそうです。「そのお部屋の窓からは円通寺のある白華山が見えていたんですよ」と懐かしそうにお話し下さいました。この歌には何か引《ひ》き歌《うた》とか引《ひ》き詩《し》があるのでしょうか、という話題になり、思いをめぐらしました。

「里《さと》は荒《あ》れて 人《ひと》はふりにし 宿《やど》なれや 庭《にわ》も籬《まがき》も 秋《あき》の野《の》らなる」（『古今和歌集《こきんわかしゅう》』巻第四・秋歌上・二四八番・僧正遍昭《そうじょうへんじょう》）がこの歌の引き歌として知られておりますが、享子先生とお話しているうちに、「長恨歌《ちょうごんか》」を思わせますよね、ということになりました。

白居易《はくきょい》の「長恨歌《ちょうごんか》」の中に、漢皇《かんこう》（実は唐の玄宗皇帝《げんそうこうてい》）が楊貴妃《ようきひ》を失《うしな》った後《あと》、時を経《へ》て荒《あ》れた宮殿《きゅうでん》に戻《もど》ってくるという場面があります。「帰《かえ》り来《き》たれば……」で始まります。「落葉《らくよう》 階《きざはし》に満《み》ちて 紅《くれない》 掃《はら》はず」（落ち葉が宮殿の階段に散り敷いているが、その紅葉を掃き清める人とていない）とあり、良寛さんの和歌に影響があるように思えました。『源氏物語』を読んでおられた良寛さんですのでおそらく「長恨歌」も知っておられたはずです。「もしかして良寛さんは「長恨歌」を響かせていらっしゃるのかもしれませんね」と語り合う時間がとても楽しかったのを覚えております。色んな方が、さりげなく私を導いて下さっているのだと思います。

良寛さんは玉島で暮らす私たちの心の中に息づいていると実感されます。

玉島の仲買町《なかがいちょう》には近藤萬丈《こんどうばんじょう》（一七七六～一八四八年）の生家があります。五代当主 菊池源七武豊《げんしちたけとよ》の次男が近藤萬丈さんです。現在の菊池家のご当主は菊池《きくち》 東《とう》様とおっしゃいます。円通寺の護寺会 会長で、岡山県良寛会の常任理事で、全国良寛会 玉島大会の実行委員長でいらっしゃいます。バイオリンを奏でる紳士でいらっしゃいます。いつぞや、母共々お座敷に招じて入れて下さったことがございましたが、バイオリンや楽譜があり、ドキドキしながら上がらせていただいた覚えがあります。このお部屋も近藤萬丈さんが過ごしたことがあったのかもしれないと思うだけで嬉しかったのでした。奥様の眞理《まり》様は「寝覚めの友」に対して思いが深くていらっしゃって、菊池酒蔵の前の道を「近藤萬丈さんも良寛

「商家繁昌　中備の魁　全」（高瀬安太郎編）
〈廿五頁裏（玉島湊仲買町　清酒製造　湊仲買　菊地（池）太平）〉

様も、歩いておられたのではないかと思うだけで、しみじみします」とおっしゃられます。

菊池酒蔵様の通りを挟んだところに、吉田畳店があります。江戸時代の末期・天保の頃より初代が、畳製造販売業を始めたと伝えられています。現在の九代目のご主人　吉田昌輔《よしだしょうすけ》様は職人気質《しょくにんかたぎ》な方です。「裏を見せ　表を見せてちる紅葉」が一番お好きなのだそうです。「うちの前の道を良寛様が托鉢しておられたんじゃろうと感じられます」とおっしゃいます。

玉島に暮らす私たちにはどこかにその思いがあります。

岡山県良寛会 事務局長の葛間《くずま》紘介《こうすけ》様は玉島生まれ、玉島育ちの方です。

その葛間様と岡山県良寛会　常任理事の石原《いしはら》紀二《としじ》様は同級生で、円通寺の麓で生まれ育った方です。ある時、石原様がご幼少の頃のお話をして下さいました。それは、夏の暑い盛りの頃、よく友達五～六人と連れ立って円通寺境内のある場所へ行き、涼んでいたというお話でございました。

それぞれゴザを持って行って、板敷のところへゴザを敷いて寝っ転がっていると南から涼しい風が吹いてきたのだそうです。ただ、満《み》ち潮《しお》（満潮）と干底《ひぞこ》（干潮）の時は、凪《なぎ》と言って、潮の動きが止まり、風もピタッと止まるから円通寺境内へあがっても家におっても、とにかく暑い。だから満ち潮と干底の時間だけは避けていた、とおっしゃったのです。子供の頃から満潮、干潮の性質を知り、涼を求めていらしたのでした。葛間様も時折頷《うなず》いておられました。

「引き潮になったら、石垣《いしがき》のすき間に針金《はりがね》を入れて中から蟹《かに》を出したりしました」と、さらに石原様は教えて下さいました。「何という名前の蟹ですか？」と尋ねますと、「ずがに、と呼んでいましたが……」とのお答えでした。葛間様が「藻屑蟹《もくずかに》のことですよ」と教えて下さいました。良寛様も「ずがに」が石垣から出てくるところを見ていらしたかもしれません。

岡山県良寛会 常任理事の早川正弘《はやかわまさひろ》様は故郷が新潟県の島崎です。早川様に「良寛様の故郷の出雲崎では干満の差があまりないと聞きましたが、本当ですか？」と尋ねますと、「そうですね、実際にはあるのかもしれませんが、ほとんどわかりませんねぇ」とのお答えでございました。

良寛様は干満差のある瀬戸内海を、毎日のように白華山から見下ろしては、随分遠くに来たものだと思っておられたことでしょう。良寛様の坐禅石からも玉島の港が見えます。「今は満ち潮だな」とか、「もうそろそろ干底だから、その時刻を境に潮が満ちてくるな」とか、思いながら見ておられたのかもしれません。もしかして、涼を求めにやって来た麓の子供たちも見かけたかもしれません。そんな想像をするだけでなんだかワクワクしてきます。

全国良寛会 会報「良寛だより」編集長の吉井清一《よしいせいいち》様にも、出雲崎などの海岸で干満の差があまりないのかどうかを電話でお尋ね申し上げますと、「新潟県の海は干満の差はあまりなく、ほとんど感じたことがありませんね。新潟の海の特色は、うねる日本海の荒波です。豪快さもあり、穏やかな国の備中の人にぜひ見てほしいですね」とおっしゃられました。出雲崎で芭蕉《ばしょう》の詠んだ「荒海《あらうみ》や　佐渡《さど》によこたふ《とう》　天河《あまのがわ》」の名句を思い出しました。新潟の方のお言葉は、そのまま良寛様の感性に近いように思えます。

玉島円通寺へ 来られた河井継之助《かわいつぎのすけ》自筆の旅日記「塵壺《ちりつぼ》」にも玉島の港の干満の差に驚いたという部分がありますよ、と教えて下さったところから、「塵壺」や（映画化予定の）小説の主人公となった話にも及びました。河井継之助は、越後の生んだ三傑として、「酒呑《しゅてん》童子《どうじ》」と「上杉謙信《うえすぎけんしん》」と「釋《しゃく》 良寛」を挙げていますが、継之助の父と親しかった良寛様は河井家に来られたことがあり、幼い継之助は良寛様と会ったことがあるようです。

良寛様を通じて様々な方とのご縁を頂いておりますが、中でも竜胆《りんどう》の花で出会った解良《けら》明子様は私の大好きな女性の方です。

「心月輪」で有名な解良家を守っておられます。この度の執筆のことで、良寛様の鰈《かれい》の逸話で、「おれはまだ鰈になっておらんかえ」ということばについてお尋ねしたことがございました。玉島ではあまり自分のことを「おれ」とは言いません。新潟ではいかがでしょうか、と尋ねますと、「男の子も女の子もみんな自分のことを『おれ』って言っておりました」と、ご自分の子供の頃の逸話を交えて楽しく教えて下さいました。

ほかにも、地元の果物のことなども教えて下さいました。新潟は「ル・レクチェ」(幻の洋梨)で有名なのだそうです。良寛様が有願和尚《うがんおしょう》(一七三八〜一八〇八年)を尋ねて新潟県の白根《しろね》というところにある新飯田《にいだ》村の円通庵へ何度も足を運んだことは有名です。有願和尚ゆかりの新潟市南区の旧白根市こそ、「ル・レクチェ」の産地なのだそうです。

良寛様修行の地 玉島はマスカットや白桃(清水白桃《しみずはくとう》)の産地として有名です。いずれも丸くて甘くて、瑞々しいですね。

丸いといえば、良寛椿は丸くて白い花ですが、近年、花を咲かせなくなっておりました。良寛様の一九〇年遠忌に向けていろいろなことがなされた、その一つとして「良寛椿」の復活はとても意義のあることでございました。安藤瑞子先生が口火を切り、良寛椿《りょうかんつばき》（覚樹庵跡《かくじゅあんあと》にある白玉椿《しらたまつばき》）を復活させたのです。多くの白い椿が約十五年ぶりに花を咲かせました。

令和二年三月八日には、「良寛椿の会（代表＝安藤瑞子先生・早川正弘《はやかわまさひろ》様・家守修治《けもりしゅうじ》様）」主催《しゅさい》で挿木《さしき》で増やした良寛椿の植樹祭《しょくじゅさい》が仁保哲明ご住職 ご臨席の中、行われました。円通寺本堂の奥、秋葉宮《あきばぐう》と大般若塔の間の敷地に植樹されました。私は後藤田恵子先生が大般若塔を背に植樹されておられるお姿を拝してはっと致しました。大般若塔の寄進者である東綿屋は後藤田恵子先生のご先祖様に当たられるのです。良き巡り合わせに存じました。

恵子先生は全国良寛会玉島大会 オリジナル創作舞台「良寛さんの夢想」の脚本・演出・

「商家繁昌　中備の魁　全」(高瀬安太郎編)
〈九頁裏(玉島湊西通り町　湊仲買兼綿共　久利屋儀兵衛事　中原儀平)〉

「商家繁昌　中備の魁　全」(高瀬安太郎編)
〈三十頁表(玉島湊南町　一等湊仲買　肥物操綿商　仁科弥曽七)〉

制作の大役を担っておられます。

このミュージカルには「良寛ばやし」「良寛音頭」（玉島の日本舞踊家　板東弘季《ばんどうひろきみ》三先生がご担当）や、お琴の曲（箏曲演奏家の山路みほ先生演奏）も盛り込まれていているのです。玉島の女性のパワーにあふれています。

玉島在住の後藤田恵子先生はお幼いとき、ベンガラで有名な高梁市成羽《たかはししなりわ》の広兼邸《ひろかねてい》でお暮らしだったそうです。高梁市のベンガラは令和二年度の日本遺産に認定されました。平成三〇年度には、日本遺産に北前船寄港地として玉島も下津井と共に認定されたばかりです。

高梁市と玉島は今もどこかでつながっているのですね。

良寛さんの「道白雲」という三文字の横物のお軸が出雲崎の良寛記念館にあり、令和元年の秋、玉島の良寛会館で展示して下さったことがありました。その時、良寛記念館の永寶《ながとみ》卓《たかし》館長が「このお軸は、『白道《びゃくどう》は白雲《はくうん》のごとし』と読むのかもしれません」とおっしゃり、「二河白道《にがびゃくどう》の喩《たと》え」のお話もして下さいました。

後日、偶々《たまたま》、相馬御風《そうまぎょふう》先生の『大愚良寛《たいぐりょうかん》』（考古堂《こうこどう》刊）を拝読していて、「白道」の二文字を目にしたのでございました。良寛さんが国仙和尚と出会う場面で「年はまだ二十二でしかなかったが、その頃もう善導《ぜんどう》の所謂《いわゆる》「白道《びゃくどう》」を認めて進みかけて居《い》た良寛は、一《ひと》だび此《こ》の大徳《だいとこ》の風姿《ふうし》に接《せっ》するや……」とあるのです。

尼瀬の光照寺で厳しい白道を歩み初めていた良寛さんは一心に国仙和尚を信じ、この玉島へやって来られたのだというのです。その後、良寛さんは玉島でどのような人物になっていったのかも書かれています。逸話の中に次のような箇所があります。

「玉島円通寺時代から、良寛は手毬《てまり》を愛し、童男童女を愛した。そして乞食坊主の姿をして常に手毬歌をうたひながら到るところで子守娘などと嬉戯するのを常としてゐたと云ふ事である。」

相馬御風先生は「良寛さんは玉島円通寺時代から手毬歌をうたいながら、手毬をついておられたと言うことである」と記しておられるのです。

私はそれを瑞々《みずみず》しく感じ、『うたた良寛伝』では玉島で手毬をつく良寛さんを描かせて頂くことに致しました。すると良寛さんはとたんに活き活きとし始めました。あたたかい存在となり、笑顔があふれました。そこにこそ陽だまりを感じたのです。からっと晴れた青空が見えました。

二百年以上も昔、良寛さんは玉島の町を歩いておられました。今と同じ陽だまりを感じ、手毬をついておられたのかもしれない、そう思うと、うちのごく近所の町角の陽だまりがいつもよりあたたかく感じられてきたのでした。

あぁ、良寛さんはここらへんも歩いておられたのだなと。時を越え、ぽかぽかと春の陽気に乗せて、人の心もかくあるべきだと、良寛さんは今を生きる私たちに伝えて下さっているのかもしれません。「転《うた》た寛《ひろ》し」という言葉を国仙和尚から伝えられ、まさしく玉島で転じた良寛さん。手毬は地に触れ、転じて上に跳ね上がります。良き方へ「転た寛し」となるのです。その力を良寛さんは一心に信じておられたのだろうと思います。

ぽんっ、とはずませる。

とたんに笑顔がはちきれる。

心の暗中であっても辛抱に頑張っていれば、そんな奇跡のような一瞬がいつの日かきっと訪れるであろう、と。

やさしい心を信じていれば、必ず、「転た」となる時が来るであろう、と。

良寛様は今の私たちにそう語りかけて下さっているのかもしれません。

この拙著は私にとっても、母にとっても転《うた》寛《ひろ》しとなった一冊です。

このご縁《えん》を、この陽だまりを、私は信じたいと思っているのでございます。

令和二年九月二十五日

器楽堂ゆう子

巻末附録

巻末附録（円通寺蔵の良寛遺墨）……………………すべて筆者撮

①「自来円通寺」（五言律詩）乙子時代

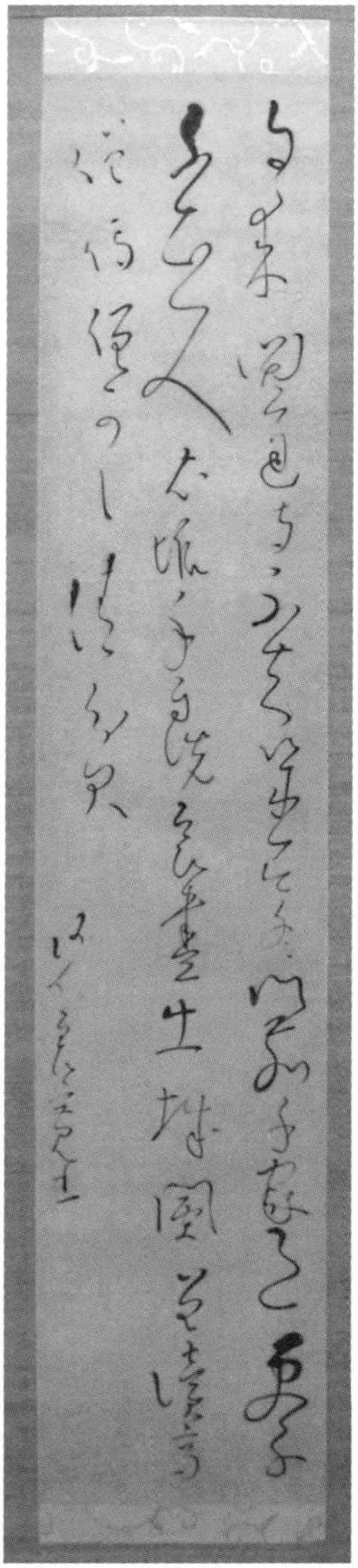

良寛百回忌記念碑
（円通寺境内）

自来円通寺　不知幾春冬　門前千家邑更(不)
不知一人　衣垢手自洗　食盡出城闉　曽讀高
僧傳　僧可々清貧

沙門良寛書

円通寺《ゑんつうじ》に来《きた》りし自《よ》り　幾春冬《いくしゅんとう》なるかを知《し》らず
門前千家《もんぜんせんか》の邑《いふ》　更《さら》に一人《ひとり》だに知《し》らず
衣垢《ころもあか》づけば手自《てづか》ら洗《あら》ひ　食尽《しょくつ》くれば城闉《じょういん》に出《い》づ
曽《かつ》て高僧伝《かうそうでん》を読《よ》みしに　僧《そう》は清貧《せいひん》に可《か》なる可《べ》し

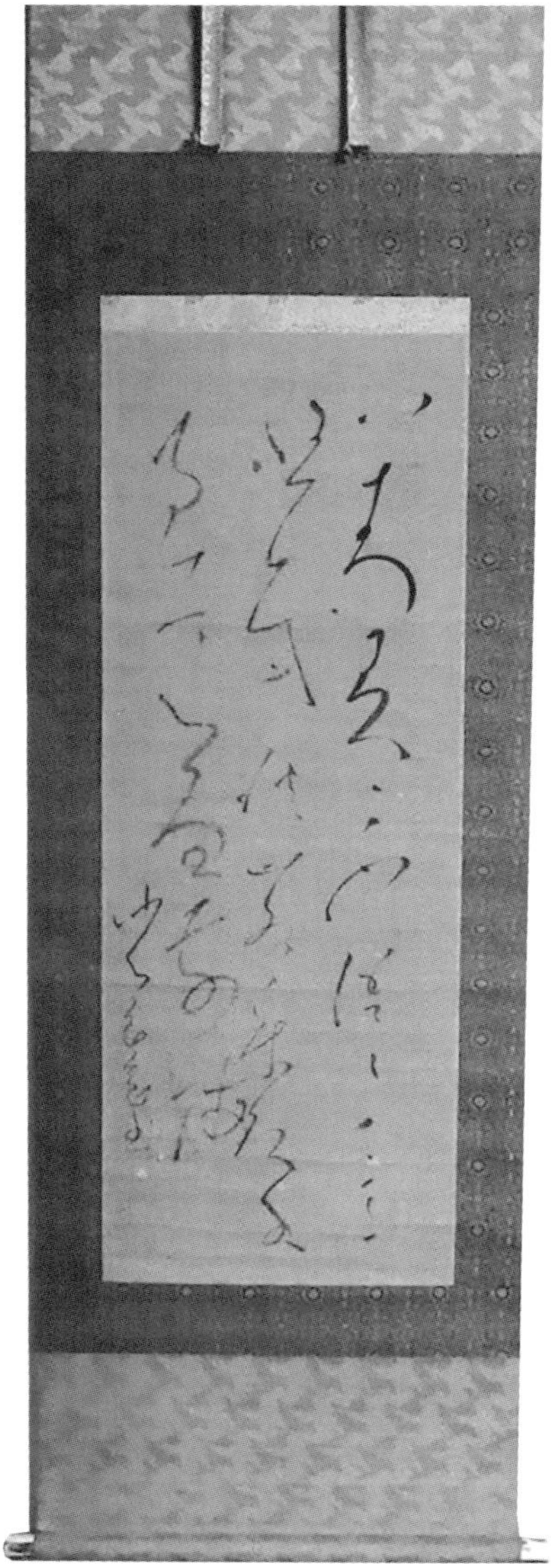

②「対君、不語」（五言絶句）

対君、不語　、、意
悠哉　帙散床頭書
雨打　簾前梅

沙門良寛書

君《きみ》に対《たい》して　君語《きみかた》らず
語《かた》らざる意《い》　悠《ゆう》なる哉《かな》
帙《ちつ》は散《さん》ず　床頭《しょうとう》の書《しょ》
雨《あめ》は打《う》つ　簾前《れんぜん》の梅《うめ》

③「乞食入市鄽」（五言律詩）（夢中問答）

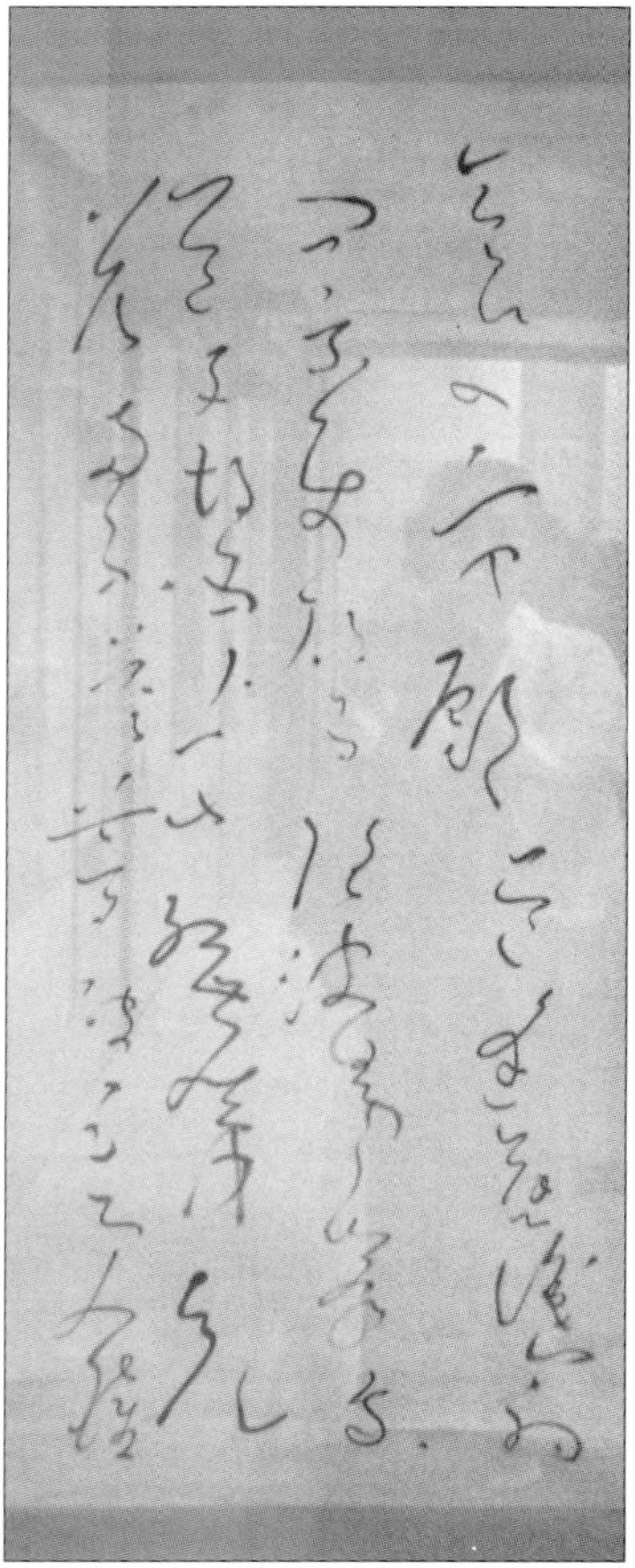

良寛百七十年遠忌記念碑
（円通寺境内山門の真向かい）

「夢破」
玉島円通寺本堂前にある
鐘楼の掲額
（一間半四方袴腰の鐘楼）
円通寺19世覚巌心梁の字

乞食入市鄽　道逢舊識翁
問我師胡為　住彼白雲峯　我
道子胡為　占此紅塵中　欲
答両不答　夢破五更鐘

乞食《こつじき》して市鄽《してん》に入《い》り、　道《みち》に旧識《きうしき》の翁《おきな》に逢《あ》ふ。
我《われ》に問《と》ふ。　「師《し》は胡為《なんすれ》ぞ　彼《かの》白雲《はくうん》の峯《みね》に住《す》む」と。
我《われ》は道《い》ふ。「子《きみ》は胡為《なんすれ》ぞ　此《この》紅塵《こうぢん》の中《なか》に占《し》むる」と。
答《こた》へんと欲《ほっ》して　両《ふたり》ながら　答《こた》へず。　夢《ゆめ》は五更《ごかう》の鐘《かね》に破《やぶ》らる。

④「覚言不能寝」（五言律詩）（秋夜偶作）

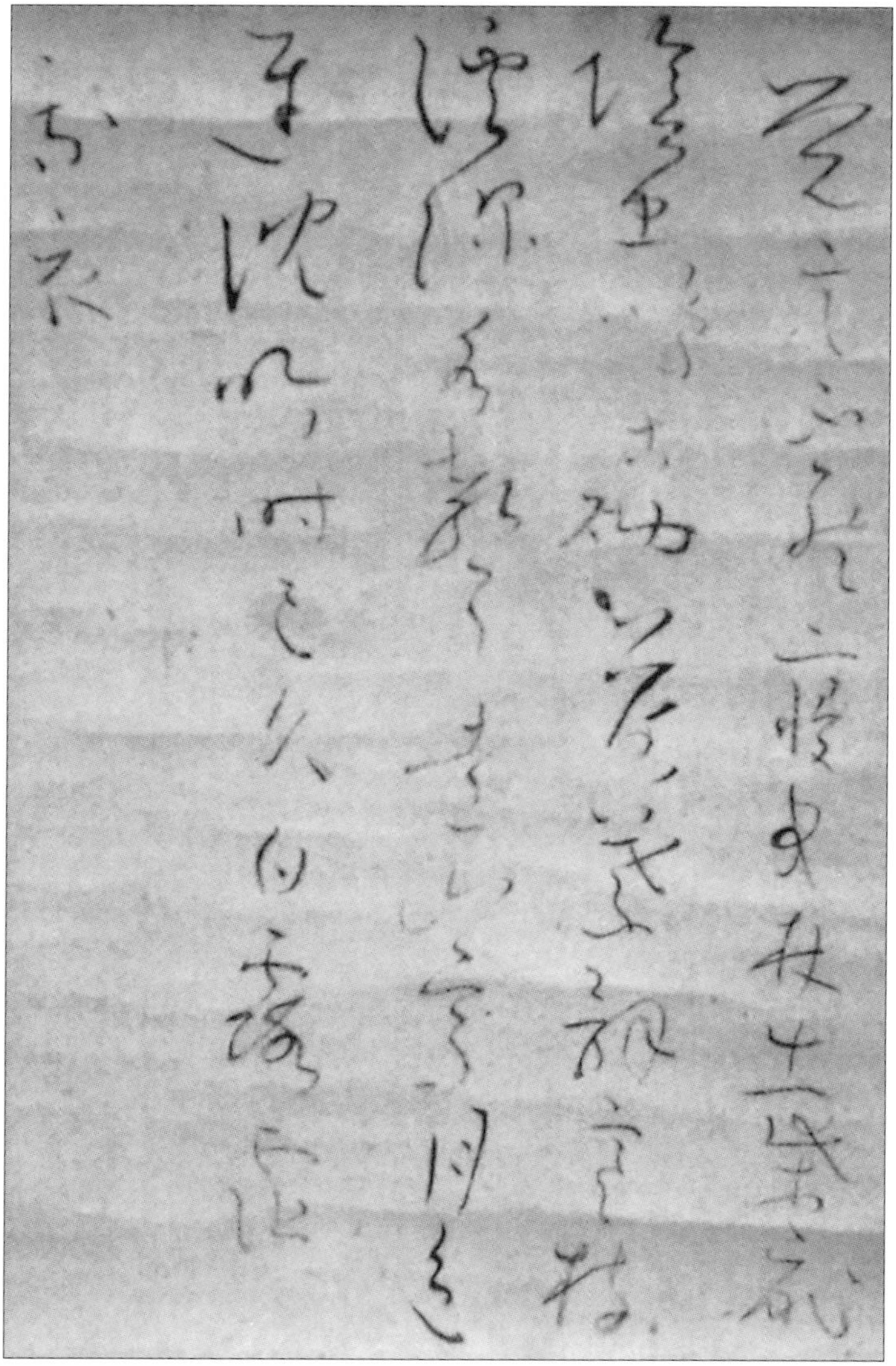

覚言不能寝　曳杖出柴扉
陰虫鳴古砌　落葉辞寒枝
渓深水聲遠　山高月色
遅　沈吟時已久　白露霑
我衣

覚《さ》めて言《ここ》に寝《い》ぬる能《あたは》ず。杖《つゑ》を曳《ひ》いて柴扉《さいひ》を出《い》づ。
陰虫《いんちゅう》　古砌《こせい》に鳴《な》き　落葉《らくえふ》　寒枝《かんし》を辞《じ》す。
渓深《けいふか》うして水聲《すいせい》遠《とほ》く、山高《やまたか》うして月色《げっしょく》遅《おそ》し。
沈吟《ちんぎん》時《とき》已《すで》に久《ひさ》し、白露《はくろ》　我《わ》が衣《ころも》を霑《うるほ》す。

⑤「はるの夜の」（良寛自作の和歌）

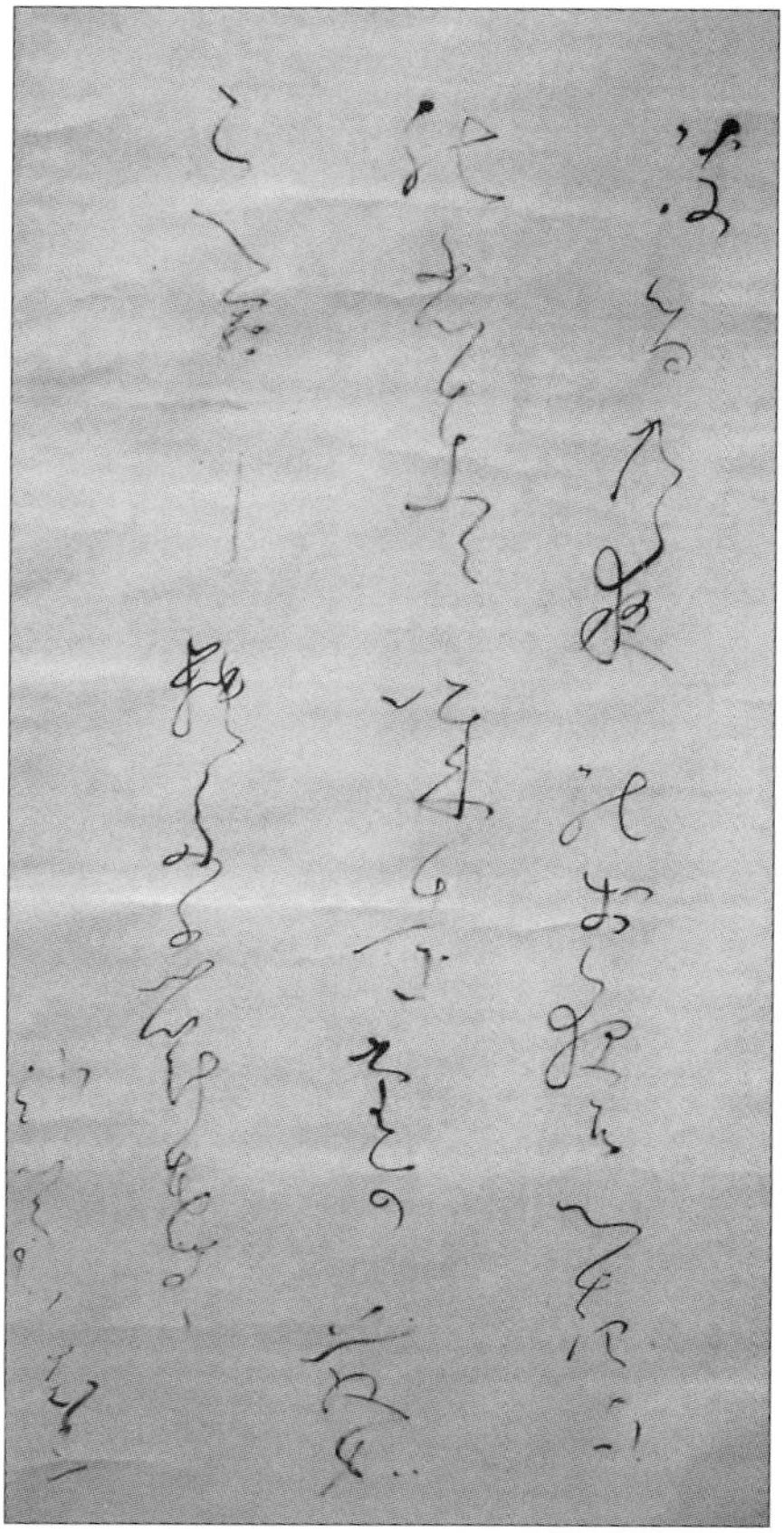

波留乃夜能《はるのよの》　於報呂川起与《おぼろづきよ》
能《の》　悲東丶幾遠《ひと、きを》　堂可散加《たがさか》
之羅耳《しらに》　鞅多悲川計遣無《あたひつけけむ》

沙門良寛書

春の夜の《はるのよの》　朧月夜の《おぼろづきよの》　ひとときを《ひとときを》
誰がさかしらに《たがさかしらに》　値つけけむ《あたひつけけむ》

⑥「きてみれば」（良寛自作の和歌）（国上にて詠める）

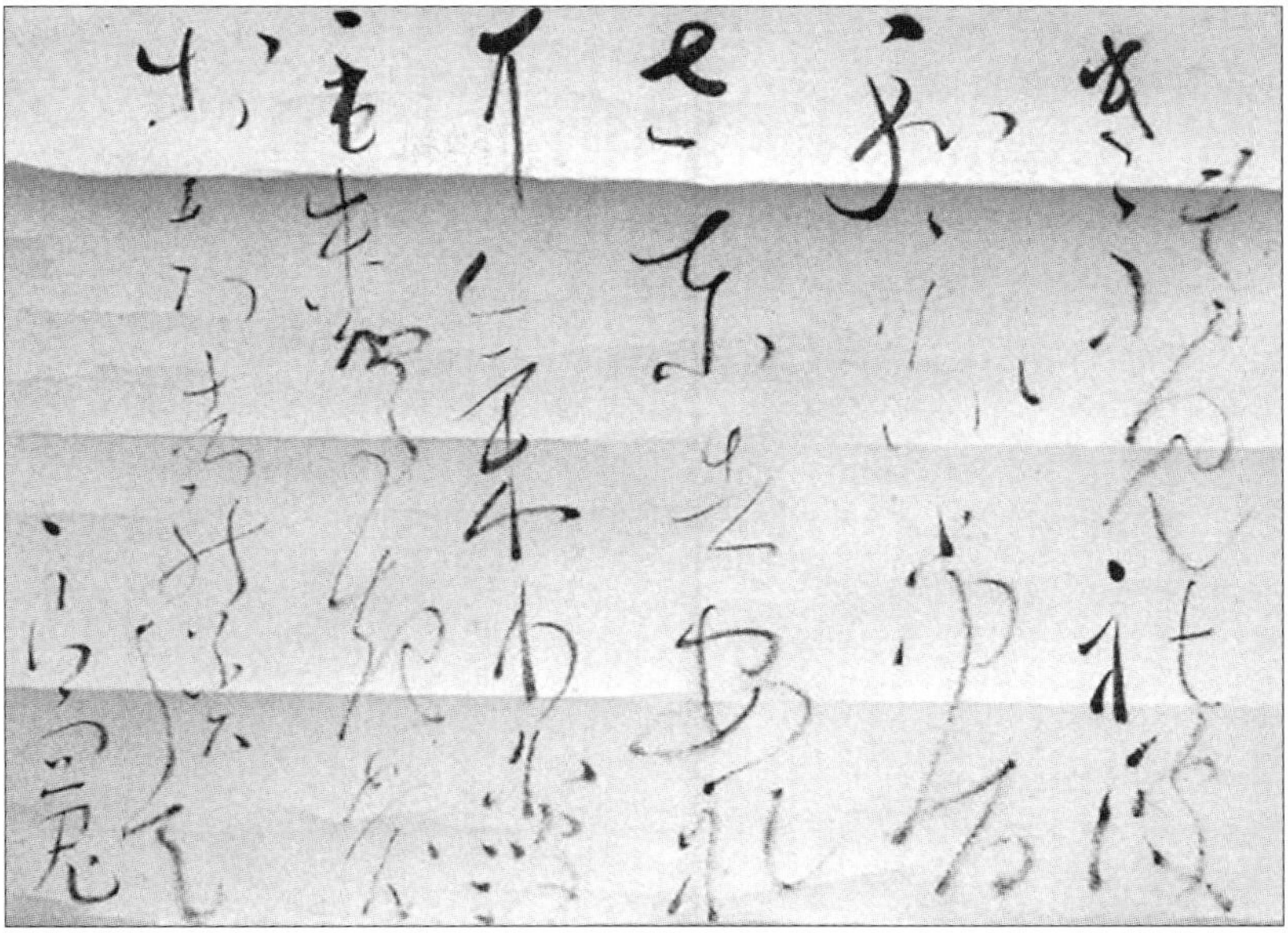

幾《き》轉《て》見《み》礼《れ》波《ば》
和《わ》我《が》布《ふ》留《る》
左《さ》東《と》者《は》　安《あ》礼《れ》
耳《に》氣《け》利《り》　尓《に》波《は》
毛《も》　末《ま》駕《が》起《き》裳《も》
於《お》知《ち》者《ば》能《の》美《み》之《し》天《て》
良寛

来《き》てみれば
我《わ》がふるさとは
荒《あ》れにけり
庭《には》も籬《まがき》も
落葉《おちば》のみして

⑦「ひさかたの」（良寛自作和歌）（はげしう風吹き　花の散りけるを）

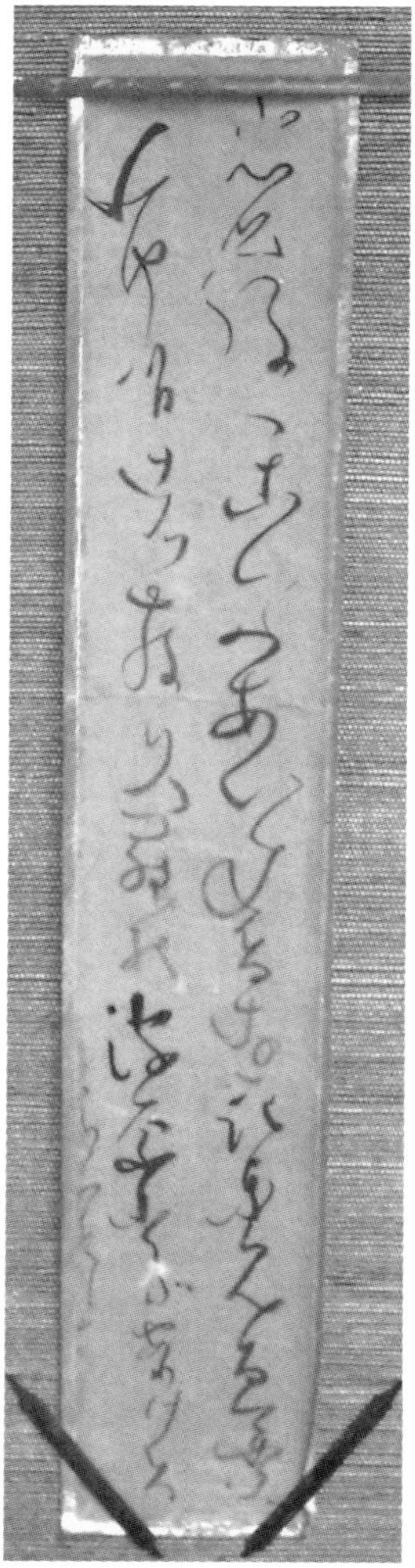

悲《ひ》散《さ》閑《か》多《た》乃《の》　安《あ》（ま）幾《ぎ》留《る》遊《ゆ》起《き》東《と》　見《み》留《る》萬《ま》（て）《で》尓《に》
布《ふ》留《る》者《は》散《さ》久《く》羅《ら》能《の》　波《は》奈《な》尓《に》所《ぞ》安《あ》利《り》計《け》留《る》

良寛書

久方《ひさかた》の　天霧《あまぎ》る雪《ゆき》と　見《み》るまでに
降《ふ》るは桜《さくら》の　花《はな》にぞありける

⑧「わがやどを」（良寛自作の和歌）（画賛　末妹みかの画　良寛の賛）

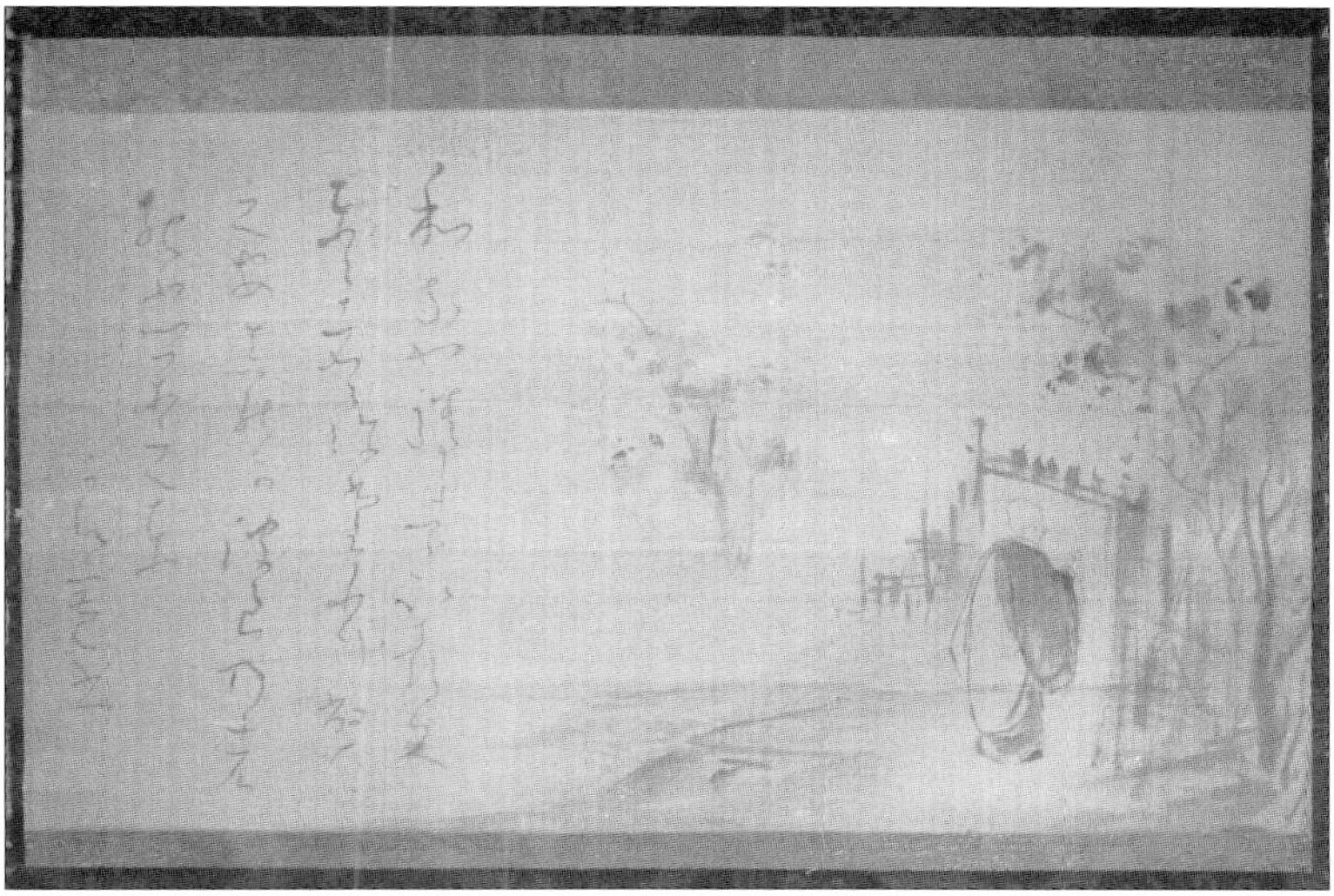

和《わ》我《が》也《や》騰《ど》遠《を》　以《い》都《づ》久《く》
東《と》丶《と》者《は》丶《ば》　許《こ》堂《た》布《ふ》弊《べ》
之《し》　安《あ》真《ま》能《の》　可《か》波《は》良《ら》乃《の》　者《は》（し）《（し）》
能《の》　悲《ひ》閑《が》之《し》東《と》

良寛書

我宿《わがやど》を　いづくと問《と》はば　答《こた》ふべし
天《あま》の川原《かはら》の　橋《はし》の東《ひがし》と

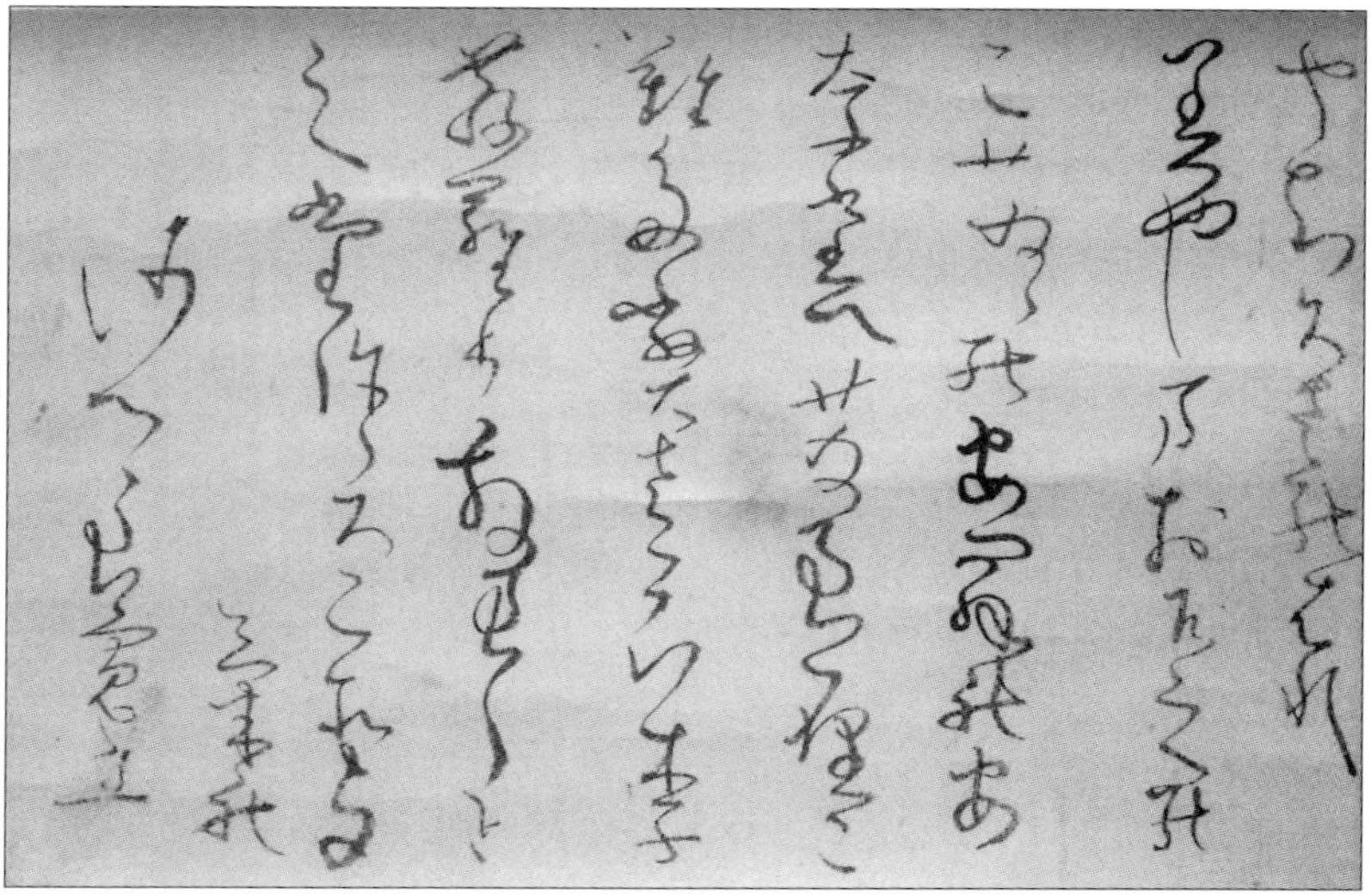

⑨「やちぐさのはな」（俗謡）

也《や》知《ち》久《ぐ》左《さ》能《の》　者《は》那《な》
美《み》也《や》万《ま》於《お》呂《ろ》之《し》能《の》
己《こ》散《ざ》ゝ《さ》能《の》安《あ》羅《ら》礼《れ》　安《あ》
奈《な》堂《た》部《へ》　散《さ》良《ら》理《り》　己《こ》
難《な》多《た》弊《へ》　左《さ》良《ら》李《り》
散《さ》羅《ら》利《り》　散《さ》良《ら》利《り》止《と》
之《し》堂《た》許《こ》ゝ《こ》呂《ろ》己《こ》所《そ》　与《よ》
氣《け》礼《れ》

沙門良寛書

⑩「如是画　如此賛」（画賛　虎斑和尚の画　良寛の賛）

如《にょ》是《ぜ》画《が》

如《にょ》此《是し》讃《さん》

良寛上人題辞

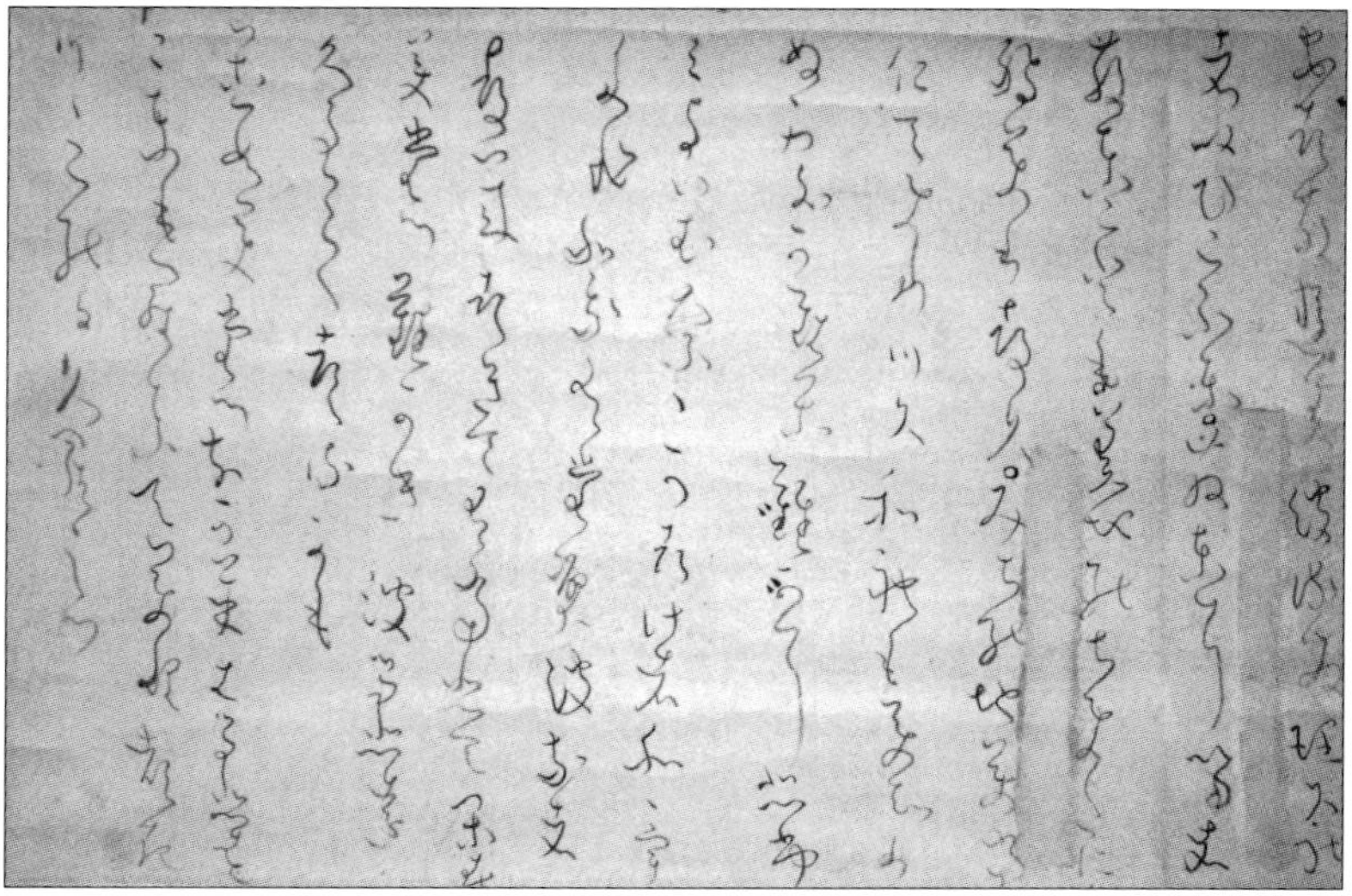

⑪「あづさゆみ」（良寛自作の手毬の長歌）

安都散遊美《あづさゆみ》　波流散理久禮者《はるさりくれば》　以比己不東《いひこふと》　◯　散東耳以由(け)者《さとにいゆけば》
散東己登毛《さとこども》　美地能知末多仁《みちのちまたに》
轉萬利都久《てまりつく》　◯　美知能地萬當仁《みちのちまたに》　天末利川久《てまりつく》
和禮毛《われも》　萬知利奴《まぢりぬ》　處可難閑難可耳《そがなかに》　悲布《ひふ》
三与以武奈《みよいむな》　、可都計者《ながつけば》　和、宇多非《わわうたひ》
和我有堂弊波《わがうたへば》　奈者都幾(て)《なはつきて》　都幾天《つきて》　有當悲天《うたひて》　閑春美堂川《かすみたつ》
難可幾《ながき》　波留悲遠《はるひを》
久良之都流可毛《くらしつるかも》
閑数美堂川《かすみたつ》　奈可幾者留悲遠《ながきはるひを》
己東毛羅東《こどもらと》　天萬理都起川、《てまりつきつつ》
己能日久羅之川《このひくらしつ》

梓弓《あづさゆみ》　春去り来れば《はるさりくれば》　飯乞ふと《いひこふと》
里にい行けば《さとにいゆけば》　里子ども《さとこども》
道のちまたに《みちのちまたに》　手毬つく《てまりつく》
道のちまたに《みちのちまたに》　手毬つく《てまりつく》
我も《われも》　交ぢりぬ《まぢりぬ》　そが中に《そがなかに》
一二三四五六七《ひふみよいむな》　汝がつけば《ながつけば》
我は歌ひ《わはうたひ》　我が歌へば《わがうたへば》
汝はつきて《なはつきて》　つきてうたひて《つきてうたひて》
霞立つ《かすみたつ》　長き春日を《ながきはるひを》　暮らしつるかも《くらしつるかも》
霞立つ《かすみたつ》　長き春日を《ながきはるひを》　子供らと《こどもらと》
手毬つきつゝ《てまりつきつつ》　この日暮しつ《このひくらしつ》

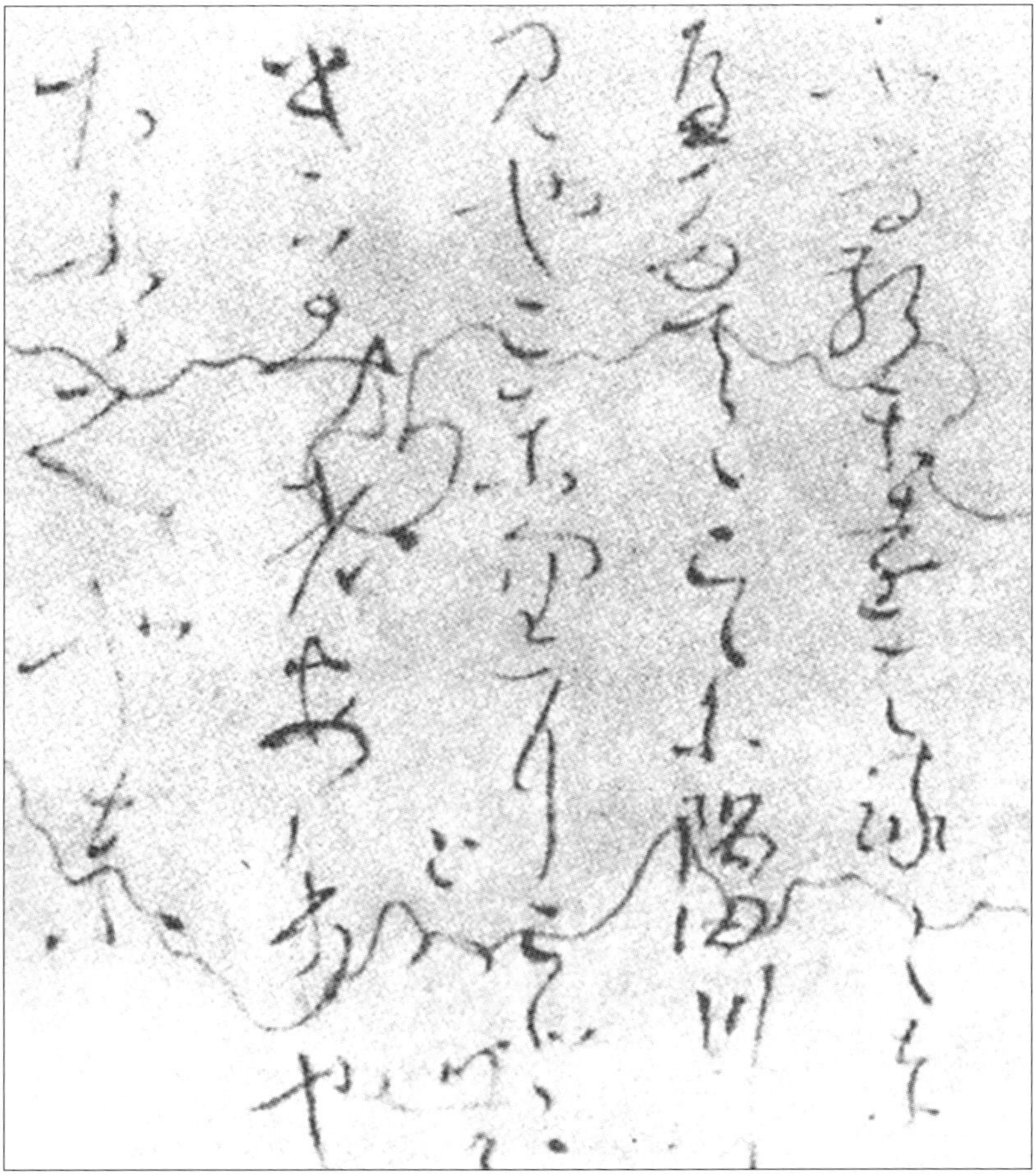

⑫「ふるさとを」（俗謡）（五合庵時代末期の書）

不留散東遠《ふるさとを》　者流ぐ東《はるばると》
遍多天ゝ《へだてて》　己ゝ尓《ここに》　隅田川《すみだがは》
見也己東《みやこど》　里耳《りに》　己登《こと》
止八無《とはむ》
幾美者安《きみはあ》　利也《りや》
奈之《なし》　也東《やと》

ふるさとを《ふるさとを》　はるぐと《はるばると》
隔てゝ《へだてて》　こゝに《ここに》　隅田川《すみだがは》
都鳥に《みやこどりに》　言問はむ《こととはむ》
君は《きみは》　ありや《ありや》
なしや《なしや》　と《と》

巻末附録（円通寺境内　良寛ゆかりの石碑）年代順

①自来円通寺（良寛詩碑）

白華山展望休憩所前　柚木玉邨書
良寛筆（円通寺蔵の軸）柚木方啓（号 玉邨）跋文
昭和六年（一九三一年）建碑（碑面には昭和五年九月）
田代亮介 大宮季貞 大島清作 柚木梶雄 三宅元雄 小野林太郎
萱谷誠之　安原愛助 仁科八曾七 井上亀二 井出退三 建碑

円通寺《ゑんつうじ》に来《き》りし自《よ》り　幾春冬《いくしゅんとう》なるかを知《し》らず
円通寺に来てから　もう何年経ったろうか。
門前《もんぜん》千家《せんか》の邑《いふ》　更《さら》に一人《ひとり》だに知《し》らず
お寺の前にはたくさんの家が並んでいるが、その誰一人として知らない。
衣《ころも》垢《あか》づけば手自《てづか》ら洗《あら》ひ　食《しょく》尽《つ》くれば城闉《じょういん》に出《い》づ
着るものが垢で汚れると自分で洗って　食べものがなくなれば、寺の門を出て托鉢してまわる。
曾《かつ》て高僧伝《かうそうでん》を読《よ》みしに　僧《そう》は清貧《せいひん》に可《か》なる可《べ》し
むかし、「高僧伝」を読んだが、僧は清貧を良しとした、ということである。

②霞立つ長き春日を（良寛歌碑）

白華山山頂

原勝巳（岡山ライオンズクラブ初代会長）筆

昭和四十二年（一九六七年）十一月三日

玉島ライオンズクラブ建碑

霞《かすみ》立《た》つ
霞が立っている
長《なが》き春日《はるひ》を
長い春の日を
子供《こども》らと
子供らと
手毬《てまり》つきつつ、
手毬をつきながら
この日《ひ》暮《く》らしつ
この一日を日が暮れるまで過ごしました

③形見とて（良寛歌碑）

円通寺境内 覚樹庵跡

赤松月船《あかまつげっせん》和尚筆（矢掛《やかげ》洞松寺《とうしょうじ》）

昭和五十六年（一九八一年）四月十九日

良寛さんを慕う会　玉島ライオンズクラブ建碑

良寛和尚詠

形見とて　何かのこさむ

春は花　夏はほとゝきす

秋はもみし葉

④うらをみせ（句碑）

円通寺 山門左手前

近藤敬四郎筆

平成元年（一九八九年）五月十四日

玉島文化協会建碑

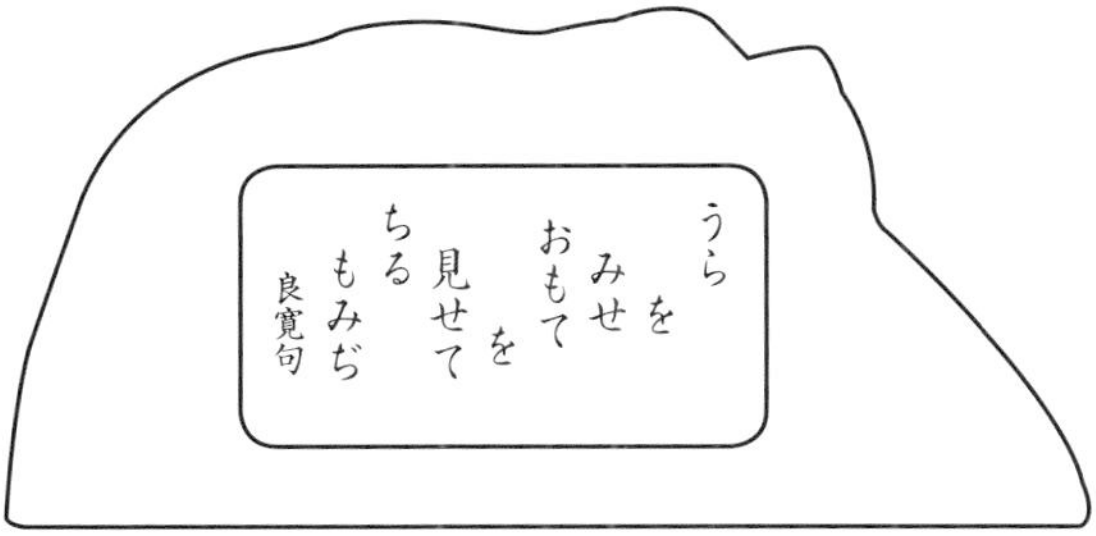
うら
を
みせ
おもて
を
見せて
ちる
もみぢ
良寛句

⑤担薪下翠岑丶（良寛詩碑）

秋葉宮の左後方　散策路脇

良寛筆

平成十二年（二〇〇〇年）一月六日

井田武・廸子建碑

時息《ときにいこふ》

時に憩う

薪を《たきぎを》　担ひて《にないひて》　翠岑を《すいしんを》　下る《くだる》

薪を担いで　翠岑を下っていく。

翠岑《すいしん》　道は《みちは》　平らかならず《たひらかならず》

翠岑の道は　平らかではない。

時に《ときに》　息ふ《いこふ》　長松の下《ちやうしようのもと》

時に憩う　大きな松のもとに

静かに《しづかに》　聞く《きく》　春禽の声《しゆんきんのこゑ》

静かに聞く　春禽の声を

⑥憶在円通時（良寛詩碑）

円通寺境内良寛堂の左手前

良寛筆

平成十二年（二〇〇〇年）一月六日

井田武・廸子建碑

憶《おも》ふ円通《ゑんつう》に在《あ》りし時《とき》、常《つね》に吾《わ》が道《みち》の孤《こ》なるを歎《なげ》きしを。

円通寺にあったときのことを思い出す。

薪《たきぎ》を搬《はこ》びては龐公《はうこう》を憶《おも》ひ、碓《うすき》を踏《ふ》んでは老盧《らうろ》を思《おも》ふ。

薪を運んでは、龐公のことを思い、碓を踏んでは老盧のことを思ったものだった。

入室《にっしつ》敢《あ》へて後《おく》るるに非《あら》ず、朝参《てうさん》常《つね》に徒《と》に先《さき》んず。

師の室に入って問答をするときも、決して誰にもおくれをとらず、

朝の坐禅には他の門徒に先んじた。

一《ひと》たび席《せき》を散《さん》じて自従《よ》り、悠々《いういう》三十年《さんじふねん》。

ひとたび円通寺を去ってから、はるか三十年が経った。

山海《さんかい》中洲《ちゅうしう》を隔《へだ》て、消息《せうそこ》人《ひと》の伝《つた》ふる無《な》し。

ここ越後と備中では、遠く山海、中州を隔てているので、

円通寺がその後どうなったか、誰も消息を知らせてはくれない。

恩《をん》に感《かん》じ終《つひ》に涙《なみだ》有《あ》り之《これ》を寄《よ》す水《みづ》の潺湲《せんかん》たるに。

しかし、国仙和尚の御恩を思うと、ついに涙があふれるのである。

さらさら音をたてて流れる水にこの涙を寄せることにしよう。

⑦乞食入市鄽（良寛詩碑）

円通寺境内 山門の真向い

良寛筆（円通寺所蔵良寛遺墨）

平成十二年（二〇〇〇年）四月三〇日

財団法人聖良寛奉賛会 岡山県良寛会 玉島文化協会 玉島観光ガイド協会建碑

夢中問答《むちゅうもんどう》

夢の中での問答

乞食して《こつじきして》 市鄽に入り《してんにいり》、道に《みちに》 旧識の《きうしきの》 翁に《おきなに》 逢ふ《あふ》。我に問ふ《われにとふ》。

托鉢をして店の並ぶ町中に入り、道で古くからの知り合いの翁に逢った。その翁は私に尋ねた。

「師は胡為ぞ《しはなんすれぞ》 彼の白雲の峯に《かのはくうんのみねに》 住む《すむ》」と《と》。

「あなた様はなにゆえ あの白雲の峯に住むのですか」と。

我は道ふ《われはいふ》。

わたしは言った。

「子は胡為ぞ《きみはなんすれぞ》 此の紅塵の中に《このこうぢんのなかに》 占むる《しむる》」と《と》。

あなたさまはなにゆえ この紅塵の（俗世間）の中に住むのですか」と。

答へんと欲して《こたへんとほっして》 両ながら《ふたりながら》 答へず《こたへず》。夢は《ゆめは》 破らる《やぶらる》 五更の鐘に《ごかうのかねに》。

答えようとしたが、二人とも答えることが出来なかった。 五更の鐘が鳴ったので 夢から覚めた。

巻末附録（円通寺境内 ゆかりの写真）

白華石（円通寺山頂）

奥に愛宕殿が建っています

白い「童と良寛」像や「霞立つ……」の歌碑などと共にあります

像

童と良寛

歌碑

霞立つ　長き春日を　子供らと

手毬つきつゝ　この日暮らしつ

石碑「不許葷酒入境内」

開山徳翁良高和尚の書

円通寺境内で最も古い石碑

汐見門

円通寺の駐車場そばにある木の門

青銅露座地蔵菩薩坐像

鶴亀池におわします

（良寛の生れた年と同じ年に作られました）

（火消しの伝説のある金仏様）

薬師瑠璃光如来像

円通寺本堂斜め前
（過去をお護り下さっている）

円通寺　本堂

良寛井戸(右奥に良寛像が見える)この
井戸で良寛様は顔や手を洗ったという

星浦観世音菩薩様
本堂

釈迦牟尼仏坐像

本堂

星浦観音様の右隣(現在をお護り下さっている)

円通寺・高方丈の内仏壇

名称（上段）

苦行姿の釈迦像

良高和尚の石地蔵

良高和尚の爪髪塔

阿弥陀如来

良高和尚の像

良高和尚の御位牌

良高和尚の舎利塔

阿弥陀如来像
円通寺・高方丈の内仏壇中央
（未来をお護り下さっている）
根底に黄檗禅の気風も持つ
良高和尚が大切にしておられた

円通寺開山徳翁良高和尚の念持仏の石地蔵様
円通寺・高方丈の内仏壇

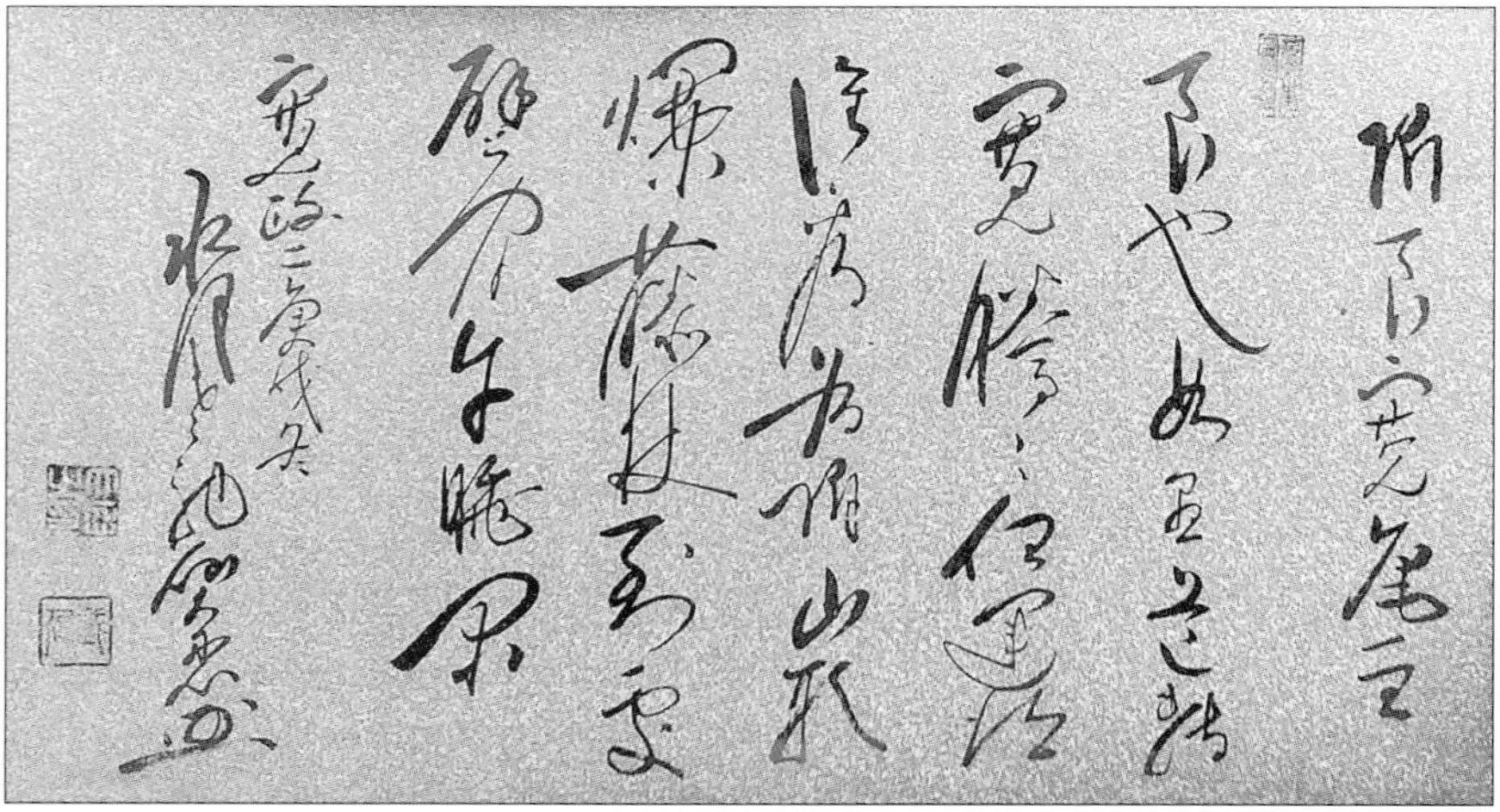

国仙和尚から良寛への印可の偈の石碑

（円通寺境内、本堂・高方丈の裏手　秋葉宮の西側、石書般若塔のそば）

附良寛庵主
良也如愚道轉
寛騰々任運得
誰看為附山形
爛藤杖到處
壁間午睡閑
寛政二庚戌冬
水月老衲仙大認

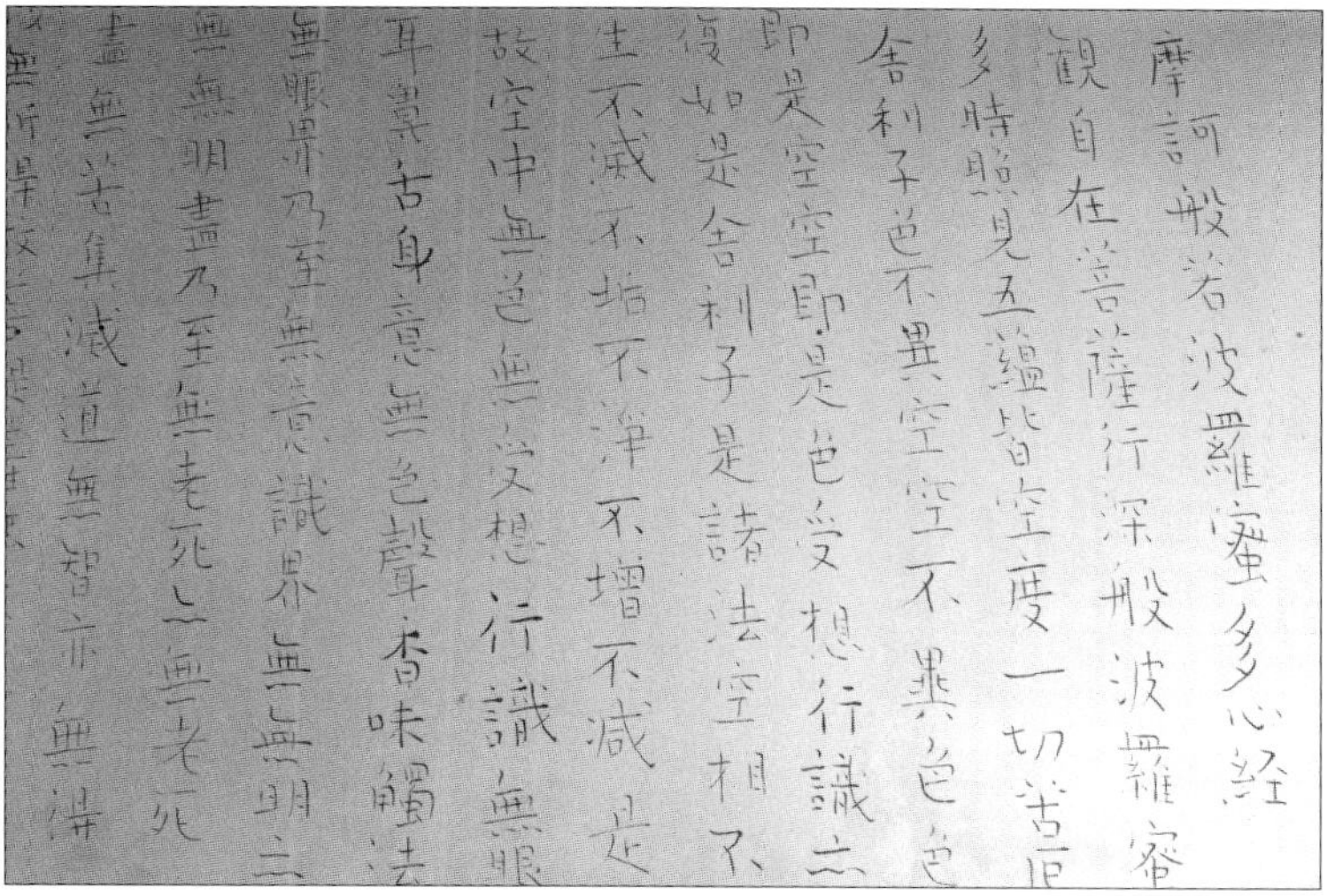

良寛楷書般若心経陶板（円通寺本堂）

摩訶般若波羅蜜多心経
観自在菩薩行深般(若)波羅蜜
多時照見五蘊皆空度一切苦厄
舎利子色不異空空不異色色
即是空空即是色受想行識亦
復如是舎利子是諸法空相不
生不滅不垢不浄不増不減是
故空中無色無受想行識無眼
耳鼻舌身意無色聲香味觸法
無眼界乃至無意識界無無明亦
無無明盡乃至無老死亦無老死
盡無苦集滅道無智亦無得

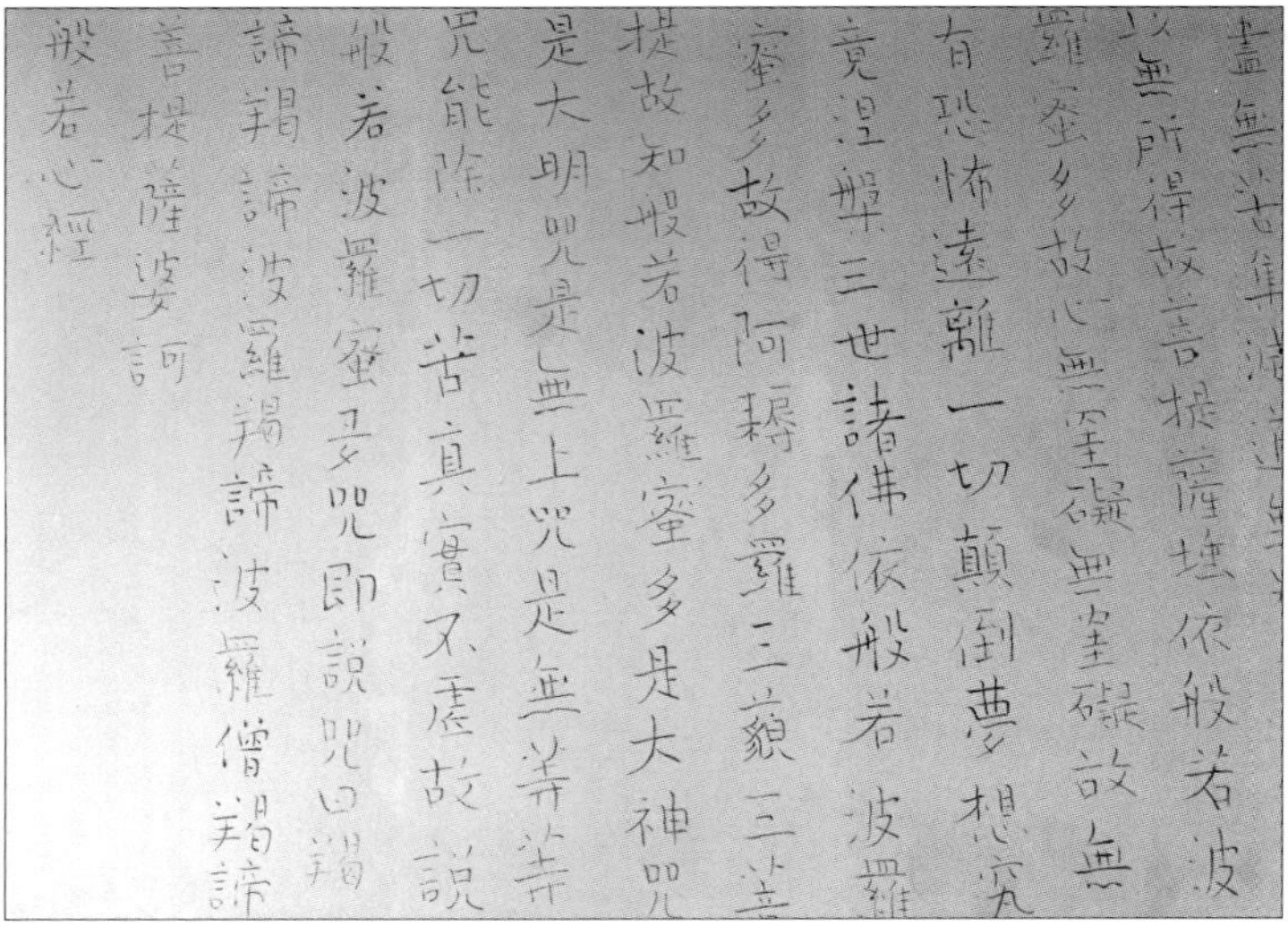

以無所得故菩提薩埵依般若波
羅蜜多故心無罣礙無罣礙故無
有恐怖遠離一切顛倒夢想究
竟涅槃三世諸佛依般若波羅
蜜多故得阿耨多羅三藐三菩
提故知般若波羅蜜多是大神咒
是大明咒是無上咒是無等等
咒能除一切苦真實不虚故説
般若波羅蜜夛咒即説咒曰羯
諦 羯諦 波羅羯諦 波羅僧羯諦
菩提薩婆訶
般若心經

薬師瑠璃光如来

未来世

東方
浄瑠璃世界

釈迦牟尼仏

現世

北方
無勝荘厳国

阿弥陀如来

過去世

西方
極楽浄土

円通寺の三世一切仏

〈良寛が国仙和尚に問うた円通寺の三世一切仏〉

過去世・現世・未来世のすべての時を円通寺の三世一切仏はお護り下さっているのだといいます。

つまり、過去のことも現在のことも未来のこともすべて見守り続けて下さっているということです。

良寛堂

前に桜の古木と詩碑(憶在円通時)、左に友松亭。良寛堂は良寛修行時代には衆寮と呼ばれていました。

円通寺「良寛堂」内の壁にかかる「心月輪」

「良寛堂」の扁額

永平寺六十七世　北野元峰禅師の御筆

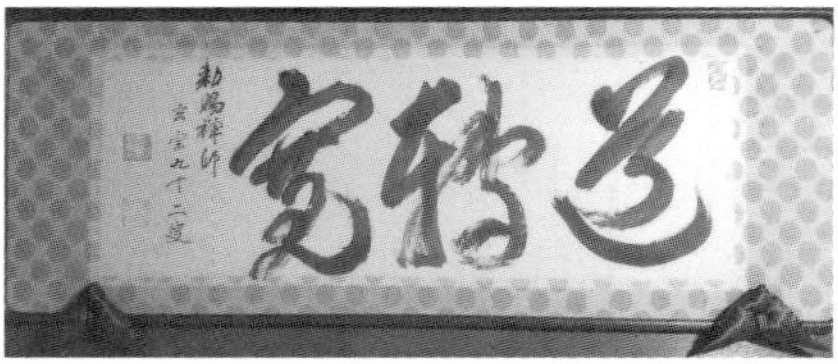

良寛堂の中の扁額

「道《みち》轉《うたた》寛《ひろし》」(勅賜禅師　玄宗九十二叟)

巻末附録（備中良寛さんこころの寺巡り・五ケ寺《ごかじ》）

第１番　円通寺

第２番　長連寺

第３番　洞松寺

第４番　大通寺

第５番　長川寺

参考文献・資料

「圓通寺」円通寺発行
「良寛修行と円通寺」岡山県良寛会編集　萌友出版発行
「たましま　歴史百景」玉島テレビ放送株式会社著作・制作　萌友出版発行
「行基の時代」金達寿著　朝日新聞社発行
「行基　菩薩とよばれた僧」岳真也著　株式会社ＫＡＤＯＫＡＷＡ発行
「正法眼蔵」三　増谷　文夫全訳注　株式会社講談社発行
「方丈記　徒然草　正法眼蔵随聞記　歎異抄」小学館発行
「岩波　仏教辞典」株式会社岩波書店発行
「般若心経　金剛般若心経」中村元・紀野一義訳註　岩波書店発行
「謎解き　般若心経」平野純著　河出書房新社発行
「般若心経」を読む　紀野一義著　社会福祉法人　埼玉福祉会発行
「座右版　寒山拾得」久須本文雄著　講談社発行
「曹洞宗　岡山県寺院歴住世代名鑑」曹洞宗岡山県宗務所発行
「大忍国仙禅師伝　大愚良寛禅師伝」矢吹活禅著　円通寺白雲会発行
「良寛～逸話でつづる生涯～」安藤英男著　すずき出版刊
「武蔵と五輪書」津本陽著　講談社刊
「大愚良寛」相馬御風著　考古堂書店発行
「若き良寛の肖像」小島正芳著　考古堂書店発行
「良寛―その人と書〈五合庵時代〉」小島正芳著　考古堂書店発行

「良寛―人と書芸術の完成」小島正芳著　考古堂書店発行
「良寛の生涯と母の愛」小島正芳著・発行
「校注　良寛全句集〈新装版〉」谷川敏朗著　春秋社発行
「校注　良寛全歌集〈新装版〉」谷川敏朗著　春秋社発行
「校注　良寛全詩集〈新装版〉」谷川敏朗著　春秋社発行
「良寛墨蹟大観　第一巻」良寛書　中央公論美術出版発行
「良寛墨蹟大観　第二巻」良寛書　中央公論美術出版発行
「良寛墨蹟大観　第三巻」良寛書　中央公論美術出版発行
「良寛墨蹟大観　第四巻」良寛書　中央公論美術出版発行
「良寛墨蹟大観　第五巻」良寛書　中央公論美術出版発行
「良寛墨蹟大観　第六巻」良寛書　中央公論美術出版発行
「良寛字典」駒井鵞静編著　雄山閣出版発行
「梵漢和対照・現代語訳　法華経　上」植木雅俊訳　岩波書店発行
「梵漢和対照・現代語訳　法華経　下」植木雅俊訳　岩波書店発行
「真訓対照　法華三部経」三木随法編著　東方出版発行
「塵壺」河井継之助著
「現代語訳　塵壺　河井継之助記―蒼龍への熱き想い―」竹村保訳　雑草出版発行
「玉島界隈ぶらり散策」小野敏也監修　日本文教出版発行
「備前國　備中國之内　領内産物帳　本帳」岡山県郷土文化財団発行
「岡山県大百科事典　上　あ～そ」山陽新聞社発行

「三省堂　日本山名事典〈改訂版〉」三省堂発行
「セミの自然誌」中尾舜一著　中央公論社発行
「大型甲殻類図鑑Ⅰ・Ⅱ」三宅貞祥著　保育社発行
「倉敷市由加山系全域の自然」倉敷の自然をまもる会著
「日本沿岸潮汐調和定数表［改訂］」海上保安庁水路部編　海上保安庁発行
「香川叢書　第三」「玉藻集《たまもしゅう》」香川県編　香川県出版
「新潟県人物小伝　良寛」加藤僖一著　新潟日報事業社発行
「新潟県人物小伝　河井継之助」稲川明雄著　新潟日報事業社発行
「佐渡郷土文化」第一一五号「良寛の弟　山本由之」（山本良一）佐渡郷土文化の会発行
「新古今和歌集聞書」東常縁著
「解良栄重筆　良寛禅師奇話」加藤僖一著　考古堂書店発行
「二河白道圖會　全　京都東六條　西村護法館蔵版」西村九郎右衛門編集・発行
「商家繁昌　中備の魁　全」高瀬安太郎編・出版
「ゆるり良寛さん～玉島円通寺のゆかり～」器楽堂ゆう子著　考古堂書店発行

文中掲載模写絵の出典先

「虎溪三笑圖《こけいさんしょうず》」雪舟等楊《せっしゅうとうよう》筆（「日本美術画報」二編　巻三）　画報社発行（116ページ）
「四睡図《しすいず》」黙庵霊淵《もくあんれいえん》筆　前田育徳会蔵（114ページ）
「寒山拾得図」雪村周継《せっそんしゅうけい》筆（二幅　室町時代）栃木県立博物館蔵
「豊干寒山拾得図」上野若元《うえのじゃくげん》筆〈成澤勝嗣「物はやりの系譜」図録（「隠元禅師と黄檗宗の絵画展」所載）〉

「慧可断臂図《えかだんぴず》」雪舟等楊《せっしゅうとうよう》筆　室町時代（１４９６年）（愛知　斎年寺《さいねんじ》蔵）
「絹本《けんぽん》著色《ちゃくしょく》玄奘三蔵像《げんじょうさんぞうぞう》」鎌倉時代（東京国立博物館蔵）

【著者紹介】

器楽堂　ゆう子（きらくどう　ゆうこ）
玉島に生まれ育つ（昭和51年生れ）。
現在も玉島で暮らす。
著書「ゆるり良寛さん～玉島円通寺のゆかり～」で
第22回日本自費出版文化賞　特別賞受賞。

器楽堂　康子（きらくどう　やすこ）
著者の母。
玉島に生まれ育つ。
現在も玉島で暮らす。
良寛さんの絵を描いていた玉島の宮尾清一は父。

うたた良寛伝 ～玉島円通寺物語～
2021年1月20日　発行

著　者	器楽堂ゆう子
発　行	株式会社 考古堂書店 〒951-8063　新潟市中央区古町通4 TEL.025-229-4058（出版部直通）
印　刷	株式会社玉島活版所

ISBN978-4-87499-890-8